职业教育酒店管理专业校企"双元"合作新形

客房服务与管理

主 编◎李 琦 肖 玲

副主编◎王 娟 熊 玲 谢 勇

重庆大学出版社

内容提要

本书是职业教育旅游专业大类校企"双元"教材,依据教育部《中等职业学校旅游专业大类专业介绍》和《中等职业学校高星级饭店运营与管理专业教学标准》,并参照《旅游饭店星级的划分与评定》(GB/T 14308—2010)等相关行业标准,结合酒店实际编写而成。

本书一共分为五个项目,内容包括:客房清洁、对客服务与管理、夜床服务、客房安全管理、客房区域清洁保养。同时,本书配套有相关在线课程,方便学生线上学习和使用。

本书可作为职业院校高星级饭店运营与管理及旅游服务类相关专业教材,也可作为饭店岗位培训教材和饭店服务员等级考试参考用书。

图书在版编目(CIP)数据

客房服务与管理 / 李琦,肖玲主编 . -- 重庆:重庆大学出版社,2023.10
职业教育酒店管理专业校企"双元"合作新形态系列教材
ISBN 978-7-5689-3718-4

Ⅰ.①客… Ⅱ.①李…②肖… Ⅲ.①客房—商业服务—高等职业教育—教材②客房—商业管理—高等职业教育—教材 Ⅳ.① F719.2

中国国家版本馆 CIP 数据核字(2023)第 037515 号

客房服务与管理
KEFANG FUWU YU GUANLI

主编 李琦 肖玲
副主编 王娟 熊玚 谢勇
策划编辑:尚东亮
责任编辑:尚东亮 版式设计:尚东亮
责任校对:王倩 责任印制:张策

*

重庆大学出版社出版发行
出版人:陈晓阳
社址:重庆市沙坪坝区大学城西路21号
邮编:401331
电话:(023)88617190 88617185(中小学)
传真:(023)88617186 88617166
网址:http://www.cqup.com.cn
邮箱:fxk@cqup.com.cn(营销中心)
全国新华书店经销
重庆天旭印务有限责任公司印刷

*

开本:787mm×1092mm 1/16 印张:11.25 字数:242千
2023年10月第1版 2023年10月第1次印刷
印数:1—3 000
ISBN 978-7-5689-3718-4 定价:39.00元

编委会
BIANWEIHUI

职业教育与普通教育是两种不同的教育类型，具有同等重要的地位。随着中国经济的高速发展，职业教育为我国经济社会发展提供了有力的人才和智力支撑。教材作为课程体系的基础载体，是"三教"改革的重要组成部分，是职业教育改革的基础。《国家职业教育改革实施方案》提出要深化产教融合、校企合作，推动企业深度参与协同育人，促进产教融合校企"双元"育人，建设一大批校企"双元"合作开发的教材。

酒店管理是全球十大热门行业之一，酒店管理专业优秀人才一直很紧缺。酒店管理专业是职业教育旅游类中的重要专业，该专业的招生和就业情况良好，开设相关专业的院校众多，深受广大学生的喜爱。酒店管理专业的课程具有很强的实操性。基于此，在重庆大学出版社的倡议下，重庆市酒店行业协会党支部书记、常务副会长兼秘书长谢廷富老师自 2020 年开始牵头组织策划本系列教材，汇聚了一批酒店行业的业界专家与职业院校的优秀教师共同编写了这套职业教育酒店管理专业校企"双元"合作新形态系列教材。

本系列教材具有以下几个特点：

1. 校企"双元"合作开发。为体现职业教育特色，真正实现校企"双元"合作开发，本系列教材由重庆市酒店行业协会牵头组织，邀请了重庆市酒店行业协会、重庆市导游协会、渝州宾馆、重庆圣荷酒店、嘉瑞酒店、华辰国际大酒店、伊可莎大酒店等行业企业的技能大师和职业经理人，以及来自重庆旅游职业学院、重庆建筑科技职业学院、重庆城市管理职业学院、重庆工业职业技术学院、重庆市旅游学校、重庆市女子职业高级中学、重庆市龙门浩职业中学校、重庆市渝中职教中心、重庆市璧山职教中心等院校的优秀教师共同参与教材的编写。本系列教材坚持工作过程系统化的编写导向，以实际工作岗位组织编写内容，由行业专家提供真实且具有操作性的任务要求，增加了教材与实际岗位的贴合度。

2. 配套资源丰富。本系列教材鼓励作者在编写时积极融入各种数字化资源，如国家精品在线开放课程资源、教学资源库资源、酒店实地拍摄资源、视频微课等。以上资源均以二维码形式融入教材，达到可视、可听、可练的要求。

3. 有机融入思政元素。本系列教材在编写过程中将党的二十大精神、习近平新时代中国特色社会主义思想以及中华优秀传统文化等思政元素与技能培养相结合，着力提升学生的职业素养和职业品德，以体现教材立德树人的目的。

4. 根据需要，系列教材部分采用了活页式或工作手册式的装订方式，以方便教师教学使用。

在酒店教育新背景、新形势和新需求下，编写一套有特色、高质量的酒店管理专业教材是一项系统复杂的工作，需要专家学者、业界、出版社等的广泛支持与集思广益。本系列教材在组织策划和编写出版过程中得到了酒店行业内专家、学者以及业界精英的广泛支持与积极参与，在此一并表示衷心的感谢。希望本系列教材能够满足职业教育酒店管理专业教学的新要求，能够为中国酒店教育及教材建设的开拓创新贡献力量。

编委会

2023 年 6 月 18 日

本书是职业教育旅游专业大类校企"双元"教材，依据教育部《中等职业学校旅游专业大类专业介绍》和《中等职业学校高星级饭店运营与管理专业教学标准》，并参照《旅游饭店星级的划分与评定》（GB/T 14308—2010）等相关行业标准编写。近些年，酒店行业快速发展，产业不断升级，酒店行业的人才需求逐渐增加，为培养适合现代酒店业发展需要的新型高素质专门人才，同时积极响应《国家职业教育改革实施方案》提出的要建设一大批校企"双元"合作开发教材的号召，我们编写了本书。

本次编写顺应职业教育及行业发展需求，体现时代特征，参照酒店实际，突出实用性、实操性，讲练结合，具有以下特色：

1. 校企双元合作。深化产教融合，强化行业指导，企业参与。在重庆市酒店行业协会及部分酒店企业管理人员的指导和建议下编写，行业特点鲜明，实用性强。

2. 理实一体，提倡实用。教材依托行业，对接职业标准和岗位（群）能力需求，以酒店真实生产项目为主，合理设计教学项目。

3. 贴合实际，趣味性强。本书讲练结合，除了基本内容外，设置有案例分析、实训练习及知识拓展，提高可读性、可操作性和趣味性，提高学生的思考能力和学习能力，以乐学为宗旨，符合学生的认知规律及企业用工标准，贴近教学实际。

4. 编写内容新颖。本书内容紧跟酒店业的发展趋势，编排合理，梯度明晰，图文并茂，生动活泼，形式新颖，紧扣产业升级和技术技能人才需求变化，及时反映了酒店客房服务与管理中的新技术、新工艺、新规范。

由于各地区旅游教育发展水平和教学实习环境存在差异，在本课程的教学上可根据本地区的实际情况，有选择地使用本书进行教学，具体教学学时建议如下：

项目	课程内容	建议学时	项目实训学时
项目一	客房清洁	18	8
项目二	对客服务与管理	14	4
项目三	夜床服务	4	2
项目四	客房安全管理	6	1
项目五	客房区域清洁保养	12	3
合计		54	18

　　本书由重庆市龙门浩职业中学校李琦、重庆伊可莎大酒店副总经理肖玲任主编，负责拟订大纲及统稿工作。重庆市龙门浩职业中学校王娟、熊琤及重庆瓯莱度假酒店有限公司总经理谢勇任副主编，负责项目一和项目二的编写，重庆市龙门浩职业中学校温智及重庆伊可莎大酒店客房部经理彭渝林负责项目三的编写，重庆市龙门浩职业中学校徐艳、天来酒店管理有限公司总经理文霞负责项目四的编写，重庆市龙门浩职业中学校蒙致月、重庆市酒店行业协会谢廷富、重庆市酒店行业协会李青负责项目五的编写。参与本书编写的编者还有重庆市龙门浩职业中学校冉光笛，以上编者均为来自酒店管理专业教学一线的教师及酒店的管理人员，具有丰富的酒店管理专业教学与实践经验。

　　本书在编写过程中得到了作者所在学校及重庆市酒店行业协会的大力支持和指导、帮助，参考、借鉴了大量的教材等文献资料，限于篇幅，未能一一列出，谨在此表示衷心的感谢！

　　由于时间仓促和水平所限，本书难免存在疏漏之处，恳请广大读者不吝赐教，以便做进一步修订，使之日臻完善。

编　者
2023 年 4 月

目 录
MULU

项目五　客房区域清洁保养

项目一
客房清洁

典型工作任务一　房间清扫

一、任务描述

2022 年北京冬奥会期间，北京 M 酒店是各国新闻媒体、记者的指定接待酒店。这一天清晨，16 楼的一些客人要前往张家口赛区，因此需要退房。另一些客房的记者和采编人员需前往赛场采访比赛，一大早也离开了酒店。客房服务员小赵到岗后就立刻投入繁忙的房间清扫服务工作中。请问：小赵在房间清扫之前需要做好哪些方面的准备？她应该按怎样的程序清扫房间？

学习目标

1. 了解客房的种类、客房岗位等客房部基础知识。
2. 掌握房间清扫前的各项准备工作。
3. 掌握房间清扫的程序和要求。
4. 能按正确的程序和方法清扫房间。
5. 强化职业素养，激发对客房服务工作的热爱，树立按规范做事，按流程办事的规范意识和制度意识。

二、任务准备

小赵作为客房服务员，应熟知饭店及客房部的基本知识。为做好房间清扫工作，还要做好以下各方面的准备。

（一）熟知客房产品，了解岗位概况

1. 客房部组织机构

客房是酒店产品的主体，客房部的收入是酒店收入的重要来源。客房部的主要任务是通过向宾客提供各种客房服务，为酒店创声誉、创效益。各酒店由于自身的特点

和规模各不相同，客房部的组织机构设置也有区别。典型的客房部由客房楼层、公共区域、洗衣房三个部分构成。其中客房楼层负责为宾客提供高雅舒适、安全整洁的休息居住环境和及时周到的个性化服务。公共区域组负责酒店大厅、餐厅、走廊等公共区域清洁保养工作。洗衣房则是为客人提供客衣洗涤、熨烫和全店各类布草用品、员工工作服的洗涤、保管、发放等服务的部门。

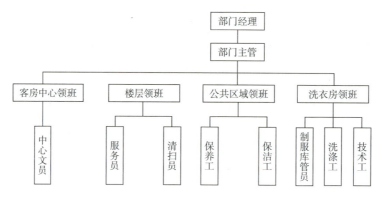

图 1-1　客房部组织结构图

2. 客房的种类

酒店规模越大，客房种类就越多、越齐全，可以满足不同客人的住宿需求。绝大多数高星级酒店都有以下类型的客房：

（1）大床房：房内设有一张双人床，适合夫妻旅游者居住，也适合单身客人居住。高星级酒店大床房的装修布置档次较高，所以大床房并不意味着是经济型客房。

图 1-2　大床房

（2）双床房：房内设两张单人床，可住一位客人，也可住两位客人。房间带有卫生间，一般用于安排旅游团队或会议客人，是酒店内数量较多的一种客房。

图1-3　双床房

（3）标准套房：由连通的两个房间组成，一间是卧室，内有一张双人床，并配有卫生间。另一间是起居室，即客厅。

图1-4　标准套房

（4）豪华套房：由两个或三个房间组成，可分为卧室、起居室、餐厅等。房间设施设备高档、装修布置富丽高雅。

图1-5　豪华套房

（5）总统套房：高星级酒店设置的最豪华的客房，具备接待国家元首、政务要员的住宿条件。总统套房通常采用双套组合的方式，分成总统房和夫人房，各设有衣帽间、书房、会客室、浴室等，共用起居室和配备厨房的餐厅。整个套房装饰布置极为讲究，设备用品富丽豪华，价格昂贵。总统套房并非五星级酒店专有，近年来发展起来的一些精品酒店根据自身需要，也设置了总统套房。总统套房也并非只有贵宾才能入住，只要负担得起房费，任何人都可以入住。

随着各种主题酒店、精品酒店的兴起和发展，各种个性化的客房层出不穷。江景房、亲子房、儿童房、生态房、智慧客房、女性客房等客房的出现能满足不同客人的个性化需求。

3. 客房部的岗位职责

表 1-1　客房部各岗位任职条件及岗位职责表

工作岗位 1：客房部经理	
直接上级：副总经理	直接下级：客房部主管
工作目标	与其他部门通力合作，带领部门员工完成本部门的各项工作，保障酒店的正常运转，达到预期目标。
工作职责	具体内容
1. 组织结构	协助人力资源部完成部门组织结构的拟订，并熟悉部门各岗位用人情况。
2. 员工招聘及人员日常管理	①严格按照部门人员编制，制订招聘计划，做好部门定编、定岗、定员工作。 ②经常了解部门员工思想动态及工作生活情况，及时给予指导性管理。
3. 建章立制	①负责制定部门各项规章制度及工作流程。 ②负责建立和健全部门考勤、奖罚和分配等制度。 ③督导部门各项规章制度、程序及标准的实施。
4. 考核评估	①负责部门内员工的试用期、年中及年末的考核评估。 ②负责部门内晋升及调动员工的实习期评估。 ③认真负责部门员工日常工作中的常规。
5. 日常工作	①参加酒店每日例会，并确保上传下达。 ②按照标准、程序对部门员工进行日常管理，确保部门工作正常运转。 ③负责同其他部门建立良好的工作关系，搞好对外公关工作。 ④负责制订部门的年、月、周工作计划。 ⑤根据酒店下达的经营指标，制订相应的销售计划及管理措施，并带领下属完成各项指标。 ⑥不断学习先进的管理方法，提高经营管理水平。
6. 成本控制	①合理安排、使用人力，在确保服务质量的前提下，努力降低劳动力成本。 ②在不降低服务质量的前提下，努力控制各项成本。

7.培训	①负责本部门员工的培训工作。 ②不断自我学习提高，以更高更新的培训技巧和知识教授员工。 ③督导本部门各岗位培训工作的开展情况，并做出相应督导。
8.团队建设与宣传	①负责部门团队氛围营造，积极开展活动，增强企业凝聚力。 ②围绕酒店的企业文化积极开展宣传及教育工作。
9.消防、安全及卫生防疫	①负责本部门员工安全、消防及卫生防疫方面的教育工作。 ②担任本部门消防安全责任人，确保本部门无安全、消防隐患，严格按照安全消防法规执行工作程序。 ③确保本部门员工均持有健康证或体检合格证明，无传染病流行危害他人健康等事故发生。 ④负责本部门和辖区的清洁卫生工作。
10.其他	完成上级领导交办的其他工作。
任职条件	1.大专以上文化程度，熟悉一门外语，能用外语进行日常会话。身体健康、形象端正、性格外向，善于沟通。 2.在同星级酒店从事客房部经理工作1年以上或客房部主管工作2年以上。 3.精通客房部管理业务，具有较强组织、协调和沟通能力。 4.能把握市场行情，随时调整经营思路和管理办法。

工作岗位2：客房部主管

直接上级：客房部经理	直接下级：客房部领班
工作目标	在部门经理的领导下，与其他各部门通力合作，带领部门员工完成本部门的各项工作，保障酒店的正常运转，达到预期目标。
工作职责	具体内容
1.组织结构	协助部门经理完成部门组织结构的拟定，并熟悉部门各岗位用人情况。
2.员工招聘及人员日常管理	①协助部门经理做好部门定编、定岗、定员工作。 ②经常了解部门员工思想动态及工作生活情况，及时给予指导性管理。
3.建章立制	①负责协助部门经理制定部门各项规章制度及工作流程。 ②负责协助部门经理建立和健全部门考勤、奖罚和分配等制度。 ③督导部门各项规章制度、程序及标准的实施。
4.考核评估	①负责部门内员工的试用期、年中及年末的考核评估。 ②负责部门内晋升及调动员工的实习期评估。 ③以认真负责的态度完成对部门员工任何时期的评价、考核、评估。

续表

5.日常工作	①主持部门每日晨会，总结前一日工作并安排当日工作重点。 ②按照标准、程序对部门员工进行日常管理，确保部门工作正常运转。 ③负责同其他部门建立良好的工作关系，搞好对外公关工作。 ④协助部门经理制订部门的年、月、周工作计划。 ⑤不断学习先进的管理方法，提高经营管理水平。
6.成本控制	①合理安排、使用人力，在确保服务质量的前提下，努力降低劳动力成本。 ②负责部门物资管理，制定节约制度，在不降低服务质量的前提下，努力控制各项成本。
7.培训	①负责本部门员工的培训工作。 ②不断自我学习提高，以更高更新的培训技巧和知识教授员工。 ③督导本部门各岗位培训工作的开展情况，并做出相应指导。
8.团队建设与宣传	①负责部门团队氛围营造，积极开展活动，增强企业凝聚力。 ②围绕酒店的企业文化积极开展宣传及教育工作。
9.消防、安全及卫生防疫	①负责本部门员工安全、消防及卫生防疫方面的教育工作。 ②担任本部门消防安全责任人，确保本部门无安全、消防隐患，严格按照安全消防法规执行工作程序。 ③确保本部门员工均持有健康证或体检合格证明，无传染病流行危害他人健康等事故发生。 ④负责本部门和辖区的清洁卫生工作。
10.其他	完成上级领导交办的其他工作。
任职条件	1.大专以上文化程度，熟悉一门外语，能用外语进行日常会话。身体健康、形象端正、性格外向、善于沟通。 2.在同星级酒店从事客房部主管工作1年以上或客房部领班工作2年以上。 3.有丰富的客房部工作经验，熟悉客房各种服务程序和标准。 4.具有较强组织、协调和沟通能力，善于处理各类宾客投诉。

工作岗位3：客房部楼层领班

直接上级：客房部主管	直接下级：楼层服务员
工作目标	在部门主管的领导下，带领楼层服务员完成客房的清洁卫生工作，做好楼层的日常管理。
工作职责	具体内容
1.人员日常管理	①熟悉本班组用人情况，严格按照部门人员编制合理安排工作。 ②协助部门主管进行新员工的培训工作。 ③经常了解部门员工思想动态及工作生活情况，及时给予指导性帮助。

2.建章立制	①协助完成本班组各项规章制度及工作程序的草拟工作并有责任根据需要及时提出修改建议。 ②协助草拟本班组内考勤、奖罚等制度。 ③负责实施本班组的各项规章制度、程序及标准。
3.考核评估	①协助完成本班组员工的试用期、年中及年末的考核评估的初评工作。 ②以认真负责的态度完成对本班组员工任何时期的评价、考核、评估。
4.日常工作	①按照标准、程序对员工进行日常管理，并以身作则完成各项具体工作，确保本班组工作正常运转。 ②与员工建立良好的工作关系，搞好协调工作。 ③根据酒店和部门下达的各项指标，协助主管制订相应的工作计划及管理措施，并带领下属完成任务。 ④不断学习先进的管理方法，提高经营管理水平。
5.成本控制	①在财务预算的范围内执行本班组的成本控制和支出。 ②合理安排、使用人力，在确保服务质量的前提下，努力降低劳动力成本。 ③负责本范围的物资管理，执行节约制度，在不降低服务标准的前提下，努力控制各项成本。 ④严格控制客房用品、清洁用品和清洁剂的使用情况。
6.培训	①负责本班组员工的基础培训工作。 ②不断自我学习提高，不断更新培训技巧和知识以提高自己和员工。 ③完成既定的培训计划。
7.团队建设与宣传	①努力营造本班组员工的团队氛围，积极参与员工活动，增强凝聚力。 ②围绕酒店的企业文化积极开展宣传及教育工作。
8.消防、安全及卫生防疫	①负责定时和及时对本班组员工进行安全、消防及卫生防疫方面的教育工作。 ②担任本班组消防安全责任人，确保本班次无安全、消防隐患，严格按照安全消防法规执行工作程序。 ③负责所辖楼层的安全工作，保证宾客和员工的人身和财产安全。 ④确保本班组员工均持有健康证或体检合格证明，无传染病流行危害他人健康等事故发生。 ⑤负责本辖区的清洁卫生工作。
9.其他	完成上级领导交办的其他工作。

续表

任职条件	1.高中以上文化程度，身心健康、形象端正，性格开朗、善于沟通。 2.在同星级酒店任客房部楼层领班1年以上或在本酒店客房部楼层工作2年以上。 3.熟悉本岗位工作职责、程序和标准，语言表达能力较强，能对员工开展楼层服务培训。 4.具备一定的文字表达能力，较强的接受能力和理解能力，服从性强。有较新的思想观念，有一定的发展潜力。
工作岗位4：客房中心领班	
直接上级：客房部主管	直接下级：客房中心文员
工作目标	在部门主管的领导下，带领客房中心文员准确、迅速传递部门间及部门内的各种信息，为部门正常运转创造良好的条件。
工作职责	具体内容
1.人员日常管理	①熟悉本班组用人情况，严格按照部门人员编制合理安排工作。 ②协助部门主管进行新员工的培训工作。 ③经常了解部门员工思想动态及工作生活情况，及时给予指导性帮助。
2.建章立制	①协助完成本班组各项规章制度及工作程序的草拟工作并有责任根据需要及时提出修改建议。 ②协助草拟本班组内考勤、奖罚等制度。 ③负责实施本班组的各项规章制度、程序及标准。
3.考核评估	①协助完成本班组员工的试用期、年中及年末的考核评估的初评工作。 ②以认真负责的态度完成对本班组员工任何时期的评价、考核、评估。
4.日常工作	①按照标准、程序对员工进行日常管理，并以身作则完成各项具体工作，确保本班组工作正常运转。 ②与员工建立良好的工作关系，搞好协调工作。 ③根据酒店和部门下达的各项指标，协助主管制订相应的工作计划及管理措施，并带领下属完成任务。 ④不断学习先进的管理方法，提高经营管理水平。
5.成本控制	①在财务预算的范围内执行部门的成本控制和支出。 ②合理安排、使用人力，在确保服务质量的前提下，努力降低劳动力成本。 ③负责本部门的物资管理，执行节约制度，在不降低服务标准的前提下，努力控制各项成本。 ④严格控制客房用品、清洁用品和清洁剂的使用情况。

6.培训	①负责本班组员工的基础培训工作。 ②不断自我学习提高，不断更新培训技巧和知识以提高自己和员工。 ③完成既定的培训计划。
7.团队建设与宣传	①努力营造本班组员工的团队氛围，积极参与员工活动，增强凝聚力。 ②围绕酒店的企业文化积极开展宣传及教育工作。
8.消防、安全及卫生防疫	①负责定时和及时对本班组员工进行安全、消防及卫生防疫方面的教育工作。 ②担任本班组消防安全责任人，确保本班次无安全、消防隐患，严格按照安全消防法规执行工作程序。
8.消防、安全及卫生防疫	③负责所辖楼层的安全工作，保证宾客和员工的人身和财产安全。 ④确保本班组员工均持有健康证或体检合格证明，无传染病流行危害他人健康等事故发生。 ⑤负责本辖区的清洁卫生工作。
9.其他	完成上级领导交办的其他工作。
任职条件	1.高中以上文化程度，身心健康、形象端正，性格开朗、善于沟通。 2.在客房部工作1年以上，熟悉客房业务及仓库保管知识。 3.熟悉本岗位工作职责、程序和标准，语言表达能力较强，能对员工开展楼层服务培训。 4.具备一定的文字表达能力，较强的接受能力和理解能力，服从性强。有较新的思想观念，有一定的发展潜力。

工作岗位5：洗衣房领班

直接上级：客房部主管	直接下级：洗衣房员工
工作目标	在部门主管的领导下，带领所属员工完成洗衣房各项工作，保证本部门工作的正常运转，达到预期目标。
工作职责	具体内容
1.人员日常管理	①熟悉本班组用人情况，严格按照部门人员编制合理安排工作。 ②协助部门主管进行新员工的培训工作。 ③经常了解部门员工思想动态及工作生活情况，及时给予指导性帮助。
2.建章立制	①协助完成本班组各项规章制度及工作程序的草拟工作并有责任根据需要及时提出修改建议。 ②协助草拟本班组内考勤、奖罚等制度。 ③负责实施本班组的各项规章制度、程序及标准。
3.考核评估	①协助完成本班组员工的试用期、年中及年末的考核评估的初评工作。 ②以认真负责的态度完成对本班组员工任何时期的评价、考核、评估。

续表

4.日常工作	①按照标准、程序对员工进行日常管理，并以身作则、带头吃苦耐劳完成各项具体工作，确保本班组工作正常运转。 ②与员工建立良好的工作关系，搞好协调工作。 ③根据酒店和部门下达的各项指标，协助主管制订相应的工作计划及管理措施，并带领下属完成任务。 ④不断学习先进的管理方法，提高经营管理水平。
5.成本控制	①不断研究洗涤技术，提高洗涤质量，降低洗涤成本。 ②负责洗衣房物品的申领和消耗控制。 ③负责本范围的物资管理，执行节约制度，在不降低服务标准的前提下，努力控制各项成本。
6.培训	①负责本班组员工的基础培训工作。 ②不断自我学习提高，不断更新培训技巧和知识以提高自己和员工。 ③完成既定的培训计划。
7.团队建设与宣传	①努力营造本班组员工的团队氛围，积极参与员工活动，增强凝聚力。 ②围绕酒店的企业文化积极开展宣传及教育工作。
8.消防、安全及卫生防疫	①负责定时和及时对本班组员工进行安全、消防及卫生防疫方面的教育工作。 ②担任本班组消防安全责任人，确保本班次无安全、消防隐患，严格按照安全消防法规执行工作程序。 ③负责所辖楼层的安全工作，保证宾客和员工的人身和财产安全。 ④确保本班组员工均持有健康证或体检合格证明，无传染病流行危害他人健康等事故发生。 ⑤负责本辖区的清洁卫生工作。
9.其他	完成上级领导交办的其他工作。
任职条件	1.高中以上文化程度，身心健康、形象端正，性格开朗、善于沟通。 2.在同星级酒店任洗衣房领班1年以上或在本酒店洗衣房工作2年以上。 3.熟悉本岗位的工作职责、程序和标准，业务技能娴熟，能对员工进行培训。 4.掌握相关设备、洗涤用品的性能和使用方法。

工作岗位6：公共区域领班	
直接上级：客房部主管	直接下级：公共区域员工
工作目标	在部门主管的领导下，带领所属员工完成公共区域的清洁保养工作，确保为客人提供清洁、美观、舒适、安全的环境，达到预期目标。
工作职责	具体内容

1.人员日常管理	①熟悉本班组用人情况，严格按照部门人员编制合理安排工作。 ②协助部门主管进行新员工的培训工作。 ③经常了解部门员工思想动态及工作生活情况，及时给予指导性帮助。
2.建章立制	①协助完成本班组各项规章制度及工作程序的草拟工作并有责任根据需要及时提出修改建议。 ②协助草拟本班组内考勤、奖罚等制度。 ③负责实施本班组的各项规章制度、程序及标准。
3.考核评估	①协助完成本班组员工的试用期、年中及年末的考核评估的初评工作。 ②以认真负责的态度完成对本班组员工任何时期的评价、考核、评估。
4.日常工作	①按照标准、程序对员工进行日常管理，并以身作则完成各项具体工作，确保本班组工作正常运转。 ②与员工建立良好的工作关系，搞好协调工作。 ③根据酒店和部门下达的各项指标，协助主管制订相应的工作计划及管理措施，并带领下属完成任务。 ④不断学习先进的管理方法，提高经营管理水平。
5.成本控制	①在财务预算的范围内执行本范围的成本控制和支出。 ②合理安排、使用人力，在确保服务质量的前提下，努力降低劳动力成本。 ③负责本范围的物资管理，执行节约制度，在不降低服务标准的前提下，努力控制各项成本。 ④妥善管理各种清洁器具和清洁剂，并负责物品申领和消耗控制。
6.培训	①负责本班组员工的基础培训工作。 ②不断自我学习提高，不断更新培训技巧和知识以提高自己和员工。 ③完成既定的培训计划。
7.团队建设与宣传	①努力营造本班组员工的团队氛围，积极参与员工活动，增强凝聚力。 ②围绕酒店的企业文化积极开展宣传及教育工作。
8.消防、安全及卫生防疫	①负责定时和及时对本班组员工进行安全、消防及卫生防疫方面的教育工作。 ②担任本班组消防安全责任人，确保本班次无安全、消防隐患，严格按照安全消防法规执行工作程序。 ③负责所辖楼层的安全工作，保证宾客和员工的人身和财产安全。 ④确保本班组员工均持有健康证或体检合格证明，无传染病流行危害他人健康等事故发生。 ⑤负责本辖区的清洁卫生工作。
9.其他	完成上级领导交办的其他工作。

续表

任职条件	1.高中以上文化程度，身心健康、形象端正，性格开朗、善于沟通。 2.在同星级酒店任公共区域领班1年以上或在本酒店公共区域组工作2年以上。 3.熟悉本岗位工作职责、程序和标准，能对员工进行培训。 4.精通饭店公共区域清洁保养业务，有较强的管理能力。

工作岗位7：客房中心文员

直接上级：客房中心领班

工作目标	1.及时反馈来自客人的服务要求并督促落实，确保为客人提供高效率的客房服务。 2.准确、迅速传递部门间及部门内的各种信息，为部门正常运转创造良好的条件。
工作职责	具体内容
1.日常工作	①负责保存、发放、收取客房部各楼层工作钥匙。 ②每天7:30前核对楼层与电脑房态，如发现差异及时出房态差异报告，并报送总台值班人员。 ③登记开具的物品赔偿单，及时送总台收银，并将回单交给服务员，如签免赔偿单，负责催促大堂副理及时签免。 ④熟悉客情，熟记当日抵店团队及贵宾的抵离店时间、接待要求和规格，并督促有关人员提前准备。 ⑤及时将客房维修要求通知到工程部值班室，并做好当日客房维修的统计工作。 ⑥接收、登记、保管客房部范围内的遗留物品。 ⑦负责客房部员工的考勤记录。维护工作环境的清洁卫生，每天保持客房中心内设备设施的整洁。 ⑧填写工作报表，做好交接班工作。 ⑨随时关注电脑房态，发现有预订房立即通知该楼层服务员、清扫员、领班。 ⑩准备VIP物品，督促所在楼层服务员及时领取、配入房间，并及时通知经理、主管、领班、服务员等适时参与服务。
2.成本控制	切实有效地控制各种成本消耗。
3.培训	积极参加酒店和部门组织的各项培训。
4.团队合作	积极参加饭店和部门举办的各类活动，参与团队氛围的营造，重视团队合作，顾全大局。

5.消防、安全及卫生防疫	①认真参加酒店举办的各类消防、安全培训，牢记相关规定和制度，确保工作范围内无安全、消防隐患。 ②严格按照安全消防法规执行工作程序。 ③定期参加健康检查，持有效健康证上岗。 ④负责工作区域和领导指定区域的清洁卫生工作。
6.其他	完成上级交办的其他工作。
任职条件	1.高中以上文化程度，身心健康、品德端正、性格开朗、善于沟通、反应敏捷，有强烈的责任心。 2.具备计算机操作能力，会使用常用办公软件。口头表达能力较强，具有一门外语的听说能力，普通话标准。 3.在本部门工作1年以上，熟悉本岗位工作职责、程序和标准。 4.有一定的文字表达能力，较强的接受能力和理解能力，服从性强。

工作岗位8：楼层早班服务员

直接上级：楼层领班	
工作目标	为住店客人提供各项对客服务，保证房间的清洁质量，观察和了解客人的住店需求，及时将宾客信息反馈给上级，确保对客服务质量。
工作职责	具体内容
1.日常工作	①按酒店规定着装整齐，提前十分钟到客房中心签到，领取楼层钥匙和房态图。参加领班主持的班前会，接受工作任务。 ②负责客人离店时房间的检查工作。 ③按照请即打扫房—VIP房—预订客房—住客房—走客房的顺序打扫房间，更换、补充房间布草、低值易耗品、有偿用品、小吧食品等。检查房间设施设备的完好情况，发现问题及时向客房中心报告。发现有客衣及时通知客房中心。 ④接受各级管理人员对卫生及程序的检查，不合格的要重做，直到达到卫生标准。 ⑤做好工作车、清洁工具的保养工作，发现损坏及时维修。 ⑥发现客人的遗留物品要及时报告客房中心，按程序妥善处理。 ⑦认真填写《做房记录表》。 ⑧严格遵守店规、纪律，服从分配，尽职尽责，注意仪表仪容、礼节礼貌，工作中要做到"三轻"（轻声、轻拿、轻放）。 ⑨领班检查完所做工作后，在工作表上签字。

续表

2.成本控制	①切实有效地控制各种成本消耗。 ②合理正确使用工作范围内的各种物品,达到节能降耗的目的。 ③管理好工作钥匙及楼层物资,以防流失。
3.培训	积极参加酒店和部门组织的各项培训。
4.团队合作	积极参加酒店和部门举办的各类活动,参与团队氛围的营造,重视团队合作,顾全大局。
5.消防、安全及卫生防疫	①负责客房清洁保养,承担房间计划卫生工作,使清洁水准符合酒店标准,熟悉消防知识,在紧急情况下能完成自己的职责。 ②协助保卫部做好楼层的安全工作,发现不安全隐患或异常情况立即上报。 ③严格按照安全、消防法规执行工作程序,确保无安全消防隐患。
6.其他	完成上级交办的其他工作。
任职条件	1.高中以上文化程度,身心健康、品德端正、性格开朗、善于沟通,有强烈的责任心。 2.具备一定的外语听说能力,普通话标准。 3.熟知本岗位工作职责、程序和标准,能够按规范流程进行对客服务。 4.有较强的接受能力和理解能力,服从性强。

工作岗位9:楼层中夜班服务员

直接上级:楼层领班

工作目标	为住店客人提供各项对客服务,保证房间的清洁质量,观察和了解客人的住店需求,及时将宾客信息反馈给上级,确保对客服务质量。
工作职责	具体内容
1.日常工作	①按酒店规定着装整齐,提前十分钟到客房中心签到。与清扫员现场交接工作钥匙、工作日志等移交事项。 ②到鲜花水果配送中心领取水果,做开夜床前的准备工作。 ③巡视、清理楼层公共区域的卫生及各楼层立式烟筒,保持环境整洁。 ④17:30分开始按要求开夜床。 ⑤适时开启各楼层公共区域、走廊的灯光。 ⑥接收客房中心信息,为宾客提供快捷、礼貌、周到、规范的服务。 ⑦检查退客房,将小吧消耗、宾客遗留物品及设备损耗情况在三分钟内报至客房中心,并在《工作日志》上作好详细记录。 ⑧将洗衣房服务员送来的宾客所洗衣服送至对应的宾客房间。 ⑨根据《每日计划卫生制度》要求做好每日计划卫生工作。 ⑩填写《工作日志》,把交接班的事宜清楚地向早班交接。

续表

2.成本控制	①切实有效地控制各种成本消耗。 ②合理正确使用工作范围内的各种物品,达到节能降耗的目的。 ③管理好工作钥匙及楼层物资,以防流失。
3.培训	积极参加酒店和部门组织的各项培训。
4.团队合作	积极参加酒店和部门举办的各类活动,参与团队氛围的营造,重视团队合作,顾全大局。
5.消防、安全及卫生防疫	①负责客房清洁保养,承担房间计划卫生工作,使清洁水准符合酒店标准,熟悉消防知识,在紧急情况下能完成自己的职责。 ②协助保卫部做好楼层的安全工作,发现不安全隐患或异常情况立即上报。 ③严格按照安全、消防法规执行工作程序,确保无安全消防隐患。
6.其他	完成上级交办的其他工作。
任职条件	1.高中以上文化程度,身心健康、品德端正、性格开朗、善于沟通,有强烈的责任心。 2.具备一定的外语听说能力,普通话标准。 3.熟知本岗位工作职责、程序和标准,能够按规范流程进行对客服务。 4.有较强的接受能力和理解能力,服从性强。

工作岗位 10：公共区域保养工

直接上级：公共区域领班

工作目标	熟练掌握各类机器、清洁剂的性能和使用方法,做好酒店区域的墙面、地毯、地面的清洁与保养。
工作职责	具体内容
1.日常工作	①按工作程序与标准负责指定班次的公共区域保养、清洁、美化工作。 ②正确使用各种清洁剂、清洁工具、设备。 ③负责公共区域所有玻璃的清洁维护。 ④对公共区域的铜制品清洁、抛光、做封铜处理。 ⑤负责对大理石的定期保养。 ⑥负责对酒店所有地毯清洗、保养。 ⑦负责对硬质地面的清洗。 ⑧工作前进行设备的例行检查及清洗工作,按操作程序使用各类清洗机器及清洁剂,工作结束后按规定存放各项工具。 ⑨负责定期对本组设备进行维修保养,确保设备处于完好状态。 ⑩清洗过程中注意按规定摆放告示牌,严格按规程进行施工,确保客人人身安全。

续表

2.成本控制	①正确合理使用和保管公共区域的各种清洁器具、清洁剂及其他用品，厉行节约、严禁浪费。 ②切实有效地控制各种成本消耗。
3.培训	积极参加酒店和部门组织的各项培训。
4.团队合作	积极参加酒店和部门举办的各类活动，参与团队氛围的营造，重视团队合作，顾全大局。
5.消防、安全及卫生防疫	①认真参加酒店举办的各类消防、安全培训，牢记相关规定和制度，确保工作范围内无安全、消防隐患。 ②协助保卫部做好公共区域的安全消防检查工作，发现隐患及时上报。 ③严格按照安全、消防法规执行工作程序，确保无安全消防隐患。
6.其他	完成上级交办的其他工作。
任职条件	1.高中以上文化程度，身心健康、有强烈的责任心，爱岗敬业，品德端正。 2.熟悉本岗位工作职责、程序和标准。 3.掌握公共区域清洁保养的知识和技能。 4.工作认真细致、吃苦耐劳。

工作岗位 11：公共区域保洁工

直接上级：公共区域领班	
工作目标	确保酒店内外公共区域的卫生清洁，完成上级布置的各项工作。
工作职责	具体内容
1.日常工作	①根据工作计划，做好酒店各公共区域等的清洁工作，确保分管区域的卫生处于最佳状态。 ②进行清洁工作时负责检查分管区域的设施设备，发现故障或运行异常必须及时向领班报告，并做好工作记录。 ③清洁过程中注意发现和保管客人遗留物品，并及时上报部门主管；当班期间提高警惕，具有安全消防意识，随时注意观察，发现可疑情况及时报告有关部门。 ④负责分管区域内的四害防治工作。 ⑤班前仔细检查个人卫生，随时注意自己的仪表仪容、服饰服装及礼貌礼仪，使之符合星级饭店的标准。
2.成本控制	①正确合理使用和保管公共区域的各种清洁器具、清洁剂及其他用品，厉行节约、严禁浪费。 ②切实有效地控制各种成本消耗。
3.培训	积极参加酒店和部门组织的各项培训。

续表

4.团队合作	积极参加酒店和部门举办的各类活动,参与团队氛围的营造,重视团队合作,顾全大局。
5.消防、安全及卫生防疫	①认真参加酒店举办的各类消防、安全培训,牢记相关规定和制度,确保工作范围内无安全、消防隐患。 ②协助保卫部做好公共区域的安全消防检查工作,发现隐患及时上报。 ③严格按照安全、消防法规执行工作程序,确保无安全消防隐患。
6.其他	完成上级交办的其他工作。

工作岗位 12：洗衣房员工

直接上级：洗衣房领班

工作目标	1.完成岗位工作任务,保证客房布草的收发交接工作,确保客房布草的使用运转。 2.保证客衣、制服的水洗质量,确保客衣、制服的正常运转。 3.严格按程序操作熨烫设备,做好棉织品的熨烫、折叠及交接工作,确保为酒店各部门提供合格的棉织品。 4.按工作程序和标准做好酒店各岗点棉织品及员工制服的收发、存放保管、借退工作;配合上级做好布草的保管、盘点和库房的安全工作。
工作职责	具体内容
1.日常工作	①负责客房布草及其他织品的收发工作,并做好交接记录。 ②负责客房布草的分类运输工作,并在规定通道运输。无论收回脏布草或发送干净布草,工作车上都要用盖布盖好,防止途中丢失或污染。 ③如楼层有特别洗涤要求,要及时向领班汇报,并做好记录备查。 ④按区域摆放好干净布草,并验对收发数量,发现数量问题及时向领班汇报。 ⑤负责客衣、制服的清洗和熨烫,保证达到挺括、平整的要求。加快客衣必须在规定的时间内按客人要求完成。 ⑥负责酒店各部门员工制服收发工作,保证各部门制服的供应。 ⑦负责员工制服的出入库、编号、存放、收发及借退工作。 ⑧负责报废制服的处理工作,事先应报请酒店领导的批准。 ⑨正确操作洗涤机器设备,避免出现安全隐患问题及发生意外事故。洗涤结束后关闭水、电、气开关,打扫区域卫生。
2.成本控制	①监督员工制服使用情况,及时汇报员工不爱惜制服现象。 ②正确使用设备机器,降低磨损。 ③准备使用洗涤原料,严格执行用料标准。切实有效地控制各种成本消耗。
3.培训	积极参加酒店和部门组织的各项培训。

续表

4.团队合作	积极参加酒店和部门举办的各类活动，参与团队氛围的营造，重视团队合作，顾全大局。
5.消防、安全及卫生防疫	①认真参加酒店举办的各类消防、安全培训，牢记相关规定和制度，确保工作范围内无安全、消防隐患。 ②正确操作机器、设备，避免出现安全隐患问题。 ③负责工作区域和领导制定区域的清洁卫生工作。
6.其他	完成上级交办的其他工作。
任职条件	1.高中以上文化程度，身心健康、有强烈的责任心，爱岗敬业，品德端正。 2.熟悉本岗位工作职责、程序和标准。 3.掌握衣物洗涤知识和技能。 4.工作认真细致、吃苦耐劳。

（二）房间清扫前的准备工作

1.检查仪容仪表

员工的仪容仪表不仅体现自身的精神面貌，也是酒店整体形象的具体表现。专业、规范的仪容仪表会带给客人亲切、友好的感受和深刻的印象。因此，每位员工任何时候都应以最好的形象代表酒店。

（1）制服：平整、干净、无污迹、无破损或纽扣缺失。制服袖口不上翻，扣子随时要扣紧，穿着和制服相配的内衣。

（2）名牌：穿制服必须时刻佩戴标有本人正确名字的名牌，名牌佩戴在制服左侧胸前。

（3）鞋袜：男员工穿黑色袜子，女员工穿肉色丝袜，袜子无破损和图案。穿与职务相符的鞋，必须确保鞋面干净、明亮、无灰尘。

（4）男性员工：头发高于衣领，不留奇形异状发型，无头屑。鬓角需修理平整，长度不超过耳朵一半的位置。无明显染色，刘海不过眉。脸部干净，无胡须残留，口气清新，无烟味。佩戴无色隐形眼镜或无色镜片细框眼镜。双手指甲不过指端，双手干净，指甲缝内无污垢。不佩戴卡通及夸张型手表，仅限戴一只款式不夸张的婚戒。不戴耳饰，项链、手链不外露。

（5）女性员工：头发式样保守整洁，不留奇形异状发型，无头屑。长发统一用黑色网套盘起，无明显彩染色，前刘海不过眉。脸部干净，化适当的淡妆，饭后需补妆。口气清新无异味，佩戴无色隐形眼镜或无色镜片细框眼镜。双手指甲不过指端，双手干净，指甲缝内无污垢，不涂有色指甲油。不佩戴卡通及夸张型手表，仅限戴一只款式不夸张的婚戒和一对耳钉，项链、手链不外露。

2. 准备房务工作车

房务工作车是客房部服务员清扫客房时运载物品的工具车。它能承载一定数量的布件、客房供应品和清洁用品，两头的车钩上分别挂有装脏布件的棉织品袋和大垃圾袋。房务工作车通常设计为仅一面开口，当它停在客房门外时，可以成为"正在清扫客房"的标志。正确使用房务工作车，可以减轻客房服务员的劳动强度，提高工作效率。

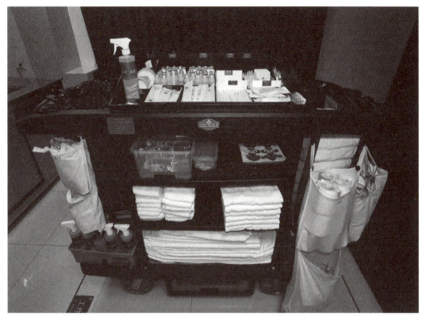

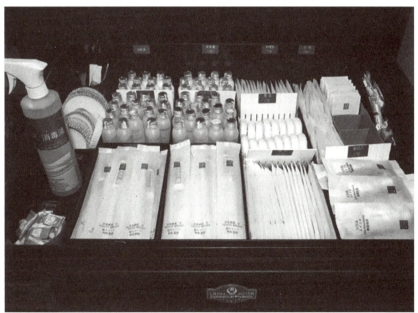

图 1-6　房务工作车

表1-2 房务工作车的配置要求

步　骤	具体工作内容	标准及要求
1.检查工作车	每天清理工作车，检查工作车是否运行正常。	车上无杂物、灰尘、污渍。运行灵活，无异响。客用品槽内干净无灰尘，布草袋和垃圾袋完好无破损、无异味。
2.顶层客用品的摆放	将拖鞋、牙刷、牙膏、梳子、沐浴液、润肤露、洗发液、护发素、香皂等一次性客用品分格摆放在顶层客用品槽内。	每辆车上的一次性客用品可供服务员打扫1天房间。夏季配备的灭蚊片、灭蚊液放在客用品槽中。
3.中间置物架的摆放	在中间的三层置物架上摆放矿泉水、马克杯周转箱、五巾、床单、被套、枕套等棉织品。	中间置物架一次配备能打扫五间客房左右的客用品。矿泉水摆放在最上层左侧，水瓶横向摆放，层与层之间瓶口与瓶底交错摆放。干净的马克杯周转箱摆放在最上层中间，周转箱盖上放记录本簿。五巾摆放在中间层和上层右侧，床单、被套、枕套摆放在最下层。提供直饮水的酒店，则原存放矿泉水位置摆放纸杯周转箱，原摆放马克杯周转箱位置摆放毛巾。
4.固定轮上方的配置	挂脏布草袋，放置抹布袋。	各种干湿抹布存放在抹布袋对应的抹布兜里，为保证工作车的整洁美观，存放抹布的一侧朝向布草袋挂放。
5.万向轮上方的配置	挂好垃圾袋、卷纸，放置清洁工具篮、储物箱、蓝色消毒桶。	清洁工具篮保持干净，清洁剂保持规范用量。储物箱存放在垃圾袋下方，用于存放脏马克杯。蓝色消毒桶使用"S"形挂钩挂放在万向轮手推把手处。服务员应从万向轮一侧推动工作车。

　　客房服务员要规范使用房务工作车。推行工作车时，控制好行走方向，以免碰坏墙面及其他设施设备。工作车损坏或有问题，应及时报修，客房经理应定期要求工程人员检修、保养工作车的车轮。脏布草超过布草袋口时，需清理至工作间，撤出的脏布草不得放置在客用品上。清洁客房时，工作车停靠在房门口，开口一侧朝向客房，紧靠房门并与墙面平行。若客人在房间，则工作车停靠在房门口的一侧，便于客人通行。

　　3.准备清洁剂和清洁工具

　　使用适当的清洁剂和清洁工具，能提高房间清扫的工作效率，延长物品的使用寿命。客房服务员清扫房间时常使用以下清洁剂和清洁工具（见表1-3）。

表 1-3　清洁剂和清洁工具使用规范

分　类	名　称	适用范围	使用方法	注意事项
清洁剂	重污清洁剂	地毯、不锈钢、陶瓷、瓷砖。	根据不同部位的污渍准备不同的清洁剂，按照除污步骤操作。	清洁剂必须用专用喷壶存放，不允许使用矿泉水瓶。
	四合一全能清洁剂	卫生间的整体清洁，家具清洁，金属件日常清洁。	按照比例稀释，四合一全能清洁剂相当于全能清洁剂、洁厕剂、玻璃水与 84 消毒液的作用。	四合一清洁剂需稀释使用，稀释比例 1：20。避免挥发产生异味。
	异味消除剂	烟、酒味，装修异味，织物异味。	将异味消除剂喷洒在洗净的抹布上，用抹布擦拭房间家具或直接喷洒于空气中。	
清洁工具	抹布	擦干与擦净物体，提高工作效率。	绿色：家具(非靠墙)、窗户、椅子、PV/皮沙发、空调外壳/出风口。 蓝色：房间墙面。	
	抹布	擦干与擦净物体，提高工作效率。	棕色：玻璃、镜子、电视机屏幕、五金件、家具（靠墙）。 禁止用白色抹布做卫生清洁。	每班下班前清洗、浸泡、消毒，消毒间配备与抹布同色的消毒桶。 抹布折叠使用，切勿揉成一团。
	抹布篮	盛装各类抹布。		
	魔力擦	墙面小污迹。	沾少许清水。	墙面大片污迹，需维保粉刷。
	吸尘器	地毯地面的日常清洁、保养。	清除地毯表面杂物、灰尘。	及时清理尘袋和过滤网。禁止用于吸水或硬物（铁钉等）。
	清洁篮	用于摆放清洁工具。	将清洁房间所用清洁用品、工具分格摆放。	每一种清洁用品、清洁剂贴上标贴，分类摆放。保持清洁篮的干净，无杂物、无积水。

续表

分 类	名 称	适用范围	使用方法	注意事项
清洁工具	平板拖把	地板地面清洁。	拖拭地板地面。	每班下班前清洗、浸泡、消毒。
	喷壶	盛放清洁剂。	不同的清洁剂使用不同的喷壶装，做好标签。	检查喷壶是否能正常使用，喷嘴堵塞时，及时更换，以免影响工作效率。

图 1-7 清洁篮

三、任务探究

客人入住酒店，都希望能在一个干净、整洁，空气清新，各种设施设备、用品摆放整齐，井然有序的环境中休息。因此，小赵应该严格按照规范的程序和方法进行房间清扫。

（一）走客房房间清扫的程序与标准

1. 准备工作

检查房务工作车上客用品及清洁用品是否齐全，将工作车开口一侧朝向客房，挡在客房门口停放。

2. 敲门进入房间

服务员敲门通报，等候客人反应的步骤如下：

（1）检查房态

进入房间前，先核对房态并检查房间是否开启"请勿打扰"。若房间开启"请勿打扰"，则填写"稍后打理提示卡"，并从门缝塞入房间。若房间的"请勿打扰"状态持续开启，则至少每24小时进行一次有效确认，包括电话沟通、客房检查等。

（2）正确敲门

若"请勿打扰"未开启，则以一臂距离站于房门正前方，直视猫眼，用食指或中指敲门3下或按门铃1次，并报明身份："Housekeeping，客房服务。"若房间内无应答，间隔5秒之后，再次敲门或按门铃。若房间内仍无应答，等候5秒，将房门打开约30°角，并报明身份："Housekeeping，客房服务。"

微课：走客房
房间清扫的
程序

图 1-8　服务员敲门

（3）进入房间

若客人不在房间，则进入房间，插上取电卡并巡视房间有无异常，将清洁篮带入卫生间，然后开始工作。若房间内有应答，需及时回应客人，报明来意。例如"××先生／女士，请问可以为您清扫房间吗？"若客人方便打扫，则需向客人表示感谢，再进入房间开始工作。若客人不方便打扫，员工必须提供稍后打扫的服务，并询问客人方便打扫的时间，做好记录。若发现客人有异常状况，需立即报告主管跟进。若发现房门反锁，请勿再敲门，填写"稍后打理提示卡"，并塞入房间，做好记录。

（4）开始工作

进入房间后，保持房门一直开启，直至房间清扫工作结束。也可根据酒店要求，关门清洁，但门上需挂有"正在清扫"标志。

3. 开窗通风，撤布草

将窗帘全部拉开（白纱窗、遮光帘），通风并检查窗帘、窗钩完好情况。窗户开启至限位位置，可根据房间气味和天气调节。关闭未关闭的电器，及时报告损坏的设施设备。撤下床单、被套、枕套，放入工作车的布草袋内，注意被芯、枕芯不可落地，撤出的脏布草如有重污需放入工作间指定布草车／框内。

4. 撤五巾

打开卫生间灯和排气扇，恭桶放水冲洗后喷洒四合一全能清洁剂，并合上盖板撤下五巾，放入工作车的布草袋内。包括客人未动的五巾也要撤出，否则视为用五巾作抹布用。

5. 清理垃圾

携带干净布草进入房间，以顺／逆时针方向清理、撤出垃圾。检查垃圾桶内是否有文件或有价值的物品（如书写过的便签、通讯录等，作为遗留物品处理）。若烟灰缸内有未熄灭的燃烧物应先用水浸灭后再倾倒。注意不能将烟头等脏物倒入恭桶内，以免堵塞。

6. 撤烟灰缸、电热水壶、杯具

将撤出的烟缸、电热水壶放入卫生间，待清洁、消毒。将撤出的杯具放入房务工作车内，待清洗、消毒。

7. 清洗烟灰缸和电热水壶

在卫生间清洗烟灰缸，用布擦干、擦净。清洗并消毒电热水壶。

8. 铺床

按铺床流程操作。

9. 清洗抹布

在卫生间洗脸盆内清洗抹布，可用四合一清洁剂喷洒后清洗，注意分色清洁。将清洗后的抹布、烟缸、电热水壶带入房间。

10. 擦尘

从房门开始，以顺 / 逆时针方向环形擦拭房间内所有的设备、用品、家具，注意干湿抹布的区别使用。使用绿色抹布擦家具、门、窗台、窗框及内窗玻璃，所有物品须按标准摆放。用棕色抹布擦拭各类电器、灯具、镜面，须在断电的情况下擦拭电器、灯具。擦拭完后打开所有照明灯具，检查是否完好，调整台灯位置，使灯光可照射在椅子正前方区域。用棕色抹布擦拭遥控器并检查电视机是否图像清晰、信号完好，音量调整适中。用棕色抹布擦拭并检查电话机是否完好。

擦尘结束后设置空调温度，夏季调至制冷 26°C，冬季调至制热 23°C，风速统一为低速挡。调整窗户限位，推拉窗：15 cm，平开窗 20 cm。整理窗帘。窗纱拉拢，厚窗帘拉至两边均匀对称，检查窗帘挂钩是否完好。检查、清洁墙面污迹，清洁墙面时，使用魔力擦顺着墙面的纹理去擦拭。及时报修损坏的设施设备，并在报表备注栏内做好记录。

11. 清洁卫生间

按清洁卫生间流程操作。

12. 补客用品

按照规定数量和摆放标准补足客用品。走客房的客用品应全部更新。

13. 清洁地面

清洁地面前先环视房间整体，如房内有异味可使用异味去除剂，确认卫生符合标准，物品齐全，摆放符合规定。确定无遗留清洁工具、用品等。

地毯：从里到外吸尘，去除污渍。吸尘前注意先捡拾地毯上的大垃圾，以免堵塞吸尘管。如地毯出现破损或污渍，应及时修补或专项保洁。

地板：用平板拖把由里到外清洁，去除污渍和毛发。注意拖擦地板前，应先清扫地面垃圾。

14. 结束工作

服务员离开客房之前要自我检查、环视房间整体。确认卫生符合标准，物品齐全，摆放符合规定。确定无遗留清洁工具、用品等。廊灯为开启状态，其他电器全部关闭。清洁用品按规定放回工作车，拔出取电卡。关门后再推门，确认房门已锁。填写《客房服务员工作报表》，记录房间状态、出房时间、客用品补充数量、棉织品更换数量、维修项目和特别事项等。

（二）住客房清扫的注意事项

住客房房间的清扫程序、标准与走客房大致相同。由于房间住有客人，一定要保护客人的隐私，不能泄露客人的房号和客人的活动安排，同时还要注意：

（1）住客房床上用品需遵循三天一换的原则或遵循客人要求。其他客用品则按照每天补缺不撤的原则补齐。若床上有客人随意摊放的衣服，可整理挂在衣架上/衣柜内。睡衣、内衣折叠后放在原位置或枕头，若有湿衣挂在空调上，则应整理至卫生间的挂衣杆上。

（2）杯具、电热水壶原则上遵循三天一消毒的原则或遵循客人要求消毒。若电热水壶有异味或油迹、污迹、食物残渣，须带入消毒间清洗消毒。若杯内有残留茶水或饮品，不可倾倒并放回原处。若杯具只有残余茶渍、咖啡渍等，须更换或清洁、消毒。

（3）关闭所有电器和照明设备，只留廊灯。客人关闭的灯打开检查后再关闭。

（4）除安全等紧急情况外，不得接听或使用房内电话。

（5）每天整理客人的物品并清理垃圾桶。整理物品时需注意，不得乱动客人物品。客人放在写字台上的笔记本、文件、报纸、杂志、画册、影集、药品等，不要弄错位置，更不准翻看。不得随意移动和丢弃客人物品，包括留有字迹的便签、小纸条、客人衣物或鞋的包装袋/盒、客人自带的装有药品或其他液体的瓶罐，以及其他看起来无用但客人并未放入垃圾桶内的物品。

（6）镜面、墙面等三天一次彻底清洁。

（7）发现无行李、少行李的房间，应报前台确认房态。

（8）清扫住客房时，如遇客人回房，则应核实客人身份：

①礼貌问候客人："先生/女士，您好！请出示一下您的房卡，谢谢！"

②试用客人的房卡开门，如可以开门，则归还房卡并征询客人："先生/女士，请收好您的房卡。请问我可以继续打扫房间吗？"

③如客人不能提供房卡或提供的房卡无法开门，则请客人出示有效证件，打电话至前台核对。若核对正确："对不起，先生/女士，给您添麻烦了，请收好您的证件。请问我可以继续打扫房间吗？"若核对后有误："对不起，先生/女士，请收好您的证件，您的信息与电脑登记不符，请您先到前台核实信息。"

（9）清扫结束后，若客人在房间应征询客人意见并道别。若客人不在房间，取电盒内的卡为客人所留，则拔出取电卡斜插在取电盒上，确认关门后离开。

（三）空房清扫的注意事项

空房是指前一天已经清扫干净，尚未有新客人入住的房间。空房的整理比较简单，但仍需每天进行。清扫空房时应注意：

（1）每天对房间全面检查一次，查看有无异常情况。

（2）调节室内温度，使室温比较适宜。

（3）用干抹布擦去家具、电话、电器和其他房内设备物品的灰尘。

（4）如房间连续几天都为空房，则吸尘一次。卫生间洁具需放水 1~2 分钟，确保流水干净。

（5）检查卫生间棉织品是否因干燥而失去柔软性，如不符合酒店要求，须在客人入住前更换。

四、任务实施

表 1-4　走客房房间清扫实训评分表

典型工作任务名称	具体任务及分值	操作标准及要求	学员评分	教师评分
房间清扫	房间清扫前的准备工作（15分）	仪容仪表符合客房服务员职业要求，仪态端庄。		
		按标准清洁、配置房务工作车。		
		配齐清扫房间所需的清洁工具和清洁剂。		
	按规范进房（10分）	检查房态后，按正确的敲门步骤敲门进房。		
	房间清洁整理（40分）	按正确的程序清洁整理。		
		各步骤按标准操作，动作规范。		
		正确选择和使用清洁工具及清洁剂。		
	添补客房用品（15分）	按规定数量补足客用品。		
		客用品摆放整齐、统一，符合酒店规定。		
	清洁地面（10分）	按正确的方法清洁地面。		
	整体效果（10分）	房间卫生符合标准，客用品齐全，家具、设备、用品的摆放符合规定。房间内无遗留清洁工具、用品。		
		按正确的步骤和标准操作，整个过程做到"三轻"，动作熟练、规范。		

五、巩固拓展

（一）课后练习

1.分板块练习：各小组学员根据走客房房间清扫实训评分表的具体任务，分板块训练。

2.综合练习：按正确的程序和方法进行房间清扫练习，时间30分钟。

（二）知识拓展

"请勿打扰房"的处理

客房服务员打扫卫生的时候，常常会遇到客房门把手上挂有"请勿打扰"的牌子，或者亮有"请勿打扰"指示灯，应按下图所示的流程处理：

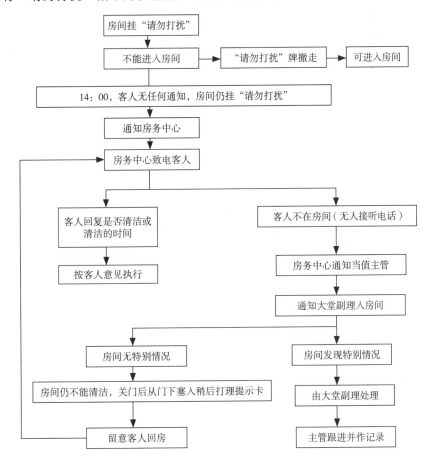

图1-9　"请勿打扰房"的处理流程图

客房清洁保养的质量控制

为让客人体验到高标准的清洁服务，客房部要对已清扫完毕的客房进行严格的质量控制和检查。

1. 查房制度

（1）服务员自查

服务员在整理客房完毕并交上级检查之前，应对客房设备的完好、环境的整洁、物品的布置等作自我检查。

（2）领班查房

领班要对所管辖区域的每间客房都进行检查并保证质量合格。

（3）主管抽查

主管抽查客房的最低数量应达到领班查房数的10%。此外，主管还必须仔细检查所有的贵宾房和抽查住客房。主管的抽查很重要，它是建立一支合格的领班队伍的手段之一；同时，它可以为管理工作的调整和改进、实施员工培训和计划人事调动等提供比较有价值的信息。

（4）经理查房

客房部经理应每年至少进行两次对客房家具设备状况的检查。每天抽查5~10间客房的清洁卫生，通过查房可以加强与基层员工的联系并更多地了解客人的意见，这对于改善管理和服务非常有益。

2. 查房程序与标准

表1-5　客房检查程序与标准

程　序	标　准
1. 房门的检查	· 门锁开启时转动是否灵活。 · 开门是否有噪声出现。 · 闭门器是否正常。
2. 衣柜的检查	· 衣架是否按标准配齐。 · 衣柜内的自动开关灯是否正常。 · 衣架杆是否干净，有无灰尘。 · 拖鞋是否配齐，保险柜能否正常使用。 · 衣袋、洗衣单、礼品袋是否配齐。
3. 吧台（吧柜）的检查	· 吧台台面卫生是否洁净，玻璃是否光亮。 · 检查备用水杯、酒具是否配齐，是否干净无指纹印。 · 冷水瓶、电热水器的洁净是否符合标准，是否有水垢。 · 酒水数量是否配齐。 · 饮料品种是否齐全，是否过期。 · 冰箱内外是否干净。 · 起动有无噪声出现。

续表

程　序	标　准
4. 写字桌的检查	·抽屉是否活动自如，内部无积尘。 ·烟灰缸是否干净、火柴是否用过。 ·家具表面有无脱漆和破损。 ·文件夹内物品是否配齐、摆放整齐。 ·电视机是否工作正常、频道调试灵活。 ·桌面上摆放的宣传品是否有划痕、是否准确。
5. 茶几的检查	·茶几是否有脱漆和破损情况。 ·茶几表面是否有积灰。
6. 沙发的检查	·沙发是否有破损，布面是否干净、无破损。 ·坐垫缝上是否藏有纸屑和杂物。
7. 窗帘的检查	·窗帘是否清洁及悬挂美观（无积灰）。 ·窗帘钩有无松脱。 ·窗帘绳是否操作灵活、拉动自如。
8. 落地灯的检查	·开关是否灵活。 ·灯具是否清洁。
9. 床的检查	·外型是否铺叠完美、平整、美观。 ·是否清洁、无破损、无异味。 ·被套、枕芯是否干净、无破损、无异味。 ·床垫每季度检查翻动一次。
10. 床头控制柜的检查	·电话、台灯、闹钟、电筒、防毒面具是否正常、操作灵活。 ·电话、小便签夹、闹钟摆放是否整齐。 ·控制柜表面、外表是否脱漆或破损。 ·桌面是否清洁、无灰尘。 ·桌面的宣传单、用品品种是否齐全，摆放到位。
11. 话机的检查	·功能是否正常，使用灵活。 ·是否干净、无灰尘、无异味。
12. 墙壁、天花板的检查	·是否有污渍或破损。 ·是否无裂缝、黄迹、漏水或霉迹现象。 ·墙角有无蜘蛛网。
13. 地毯的检查	·有无破损，是否吸尘。 ·有无污迹，是否平整干净。

典型工作任务二 中式铺床

一、任务描述

某天，M酒店客房服务中心接到808房间客人打来的电话：他们的孩子不小心在床上弄洒了果汁，弄脏了床单和被子，需要更换一套新的床上用品。客房服务中心张领班安排客房服务员小赵前去更换。请问：小赵需要怎样做才能规范、快速地铺好一张床呢？

> 学习目标
>
> 1. 熟悉中式铺床设施设备。
> 2. 掌握中式铺床的流程和标准。
> 3. 能熟练进行中式铺床。
> 4. 培养学生具有精益求精、追求完美的意识和注重细节、不惧困难的精神。

二、任务准备

铺床前的准备工作直接决定了客房中式铺床效率的高低。做好准备工作可以提高中式铺床的操作速度，减少操作时间，并保证最终成品的质量。

（一）熟悉中式铺床设施设备

表1-6 中式铺床设施设备

序 号	名 称	规 格	质 地	数 量	备 注
1	床垫	200 cm×120 cm×22 cm		1张	误差0.5 cm
2	床架	床架高20 cm 床脚7 cm		1个	误差0.5 cm
3	床单	280 cm×200 cm（缩水前：288 cm×206 cm）	100%精梳棉，80支纱/400针	1张	
4	被套	235 cm×185 cm×5 cm（缩水前：242 cm×190 cm×5 cm）	100%精梳棉，80支纱/400针，三边5 cm法式飞边	1张	底部中半开口，系带方式，2组，距两端45 cm

续表

序 号	名 称	规 格	质 地	数 量	备 注
5	被芯	230 cm×180 cm		1 床	内充 1.5 kg 羽绒棉,含填充物总重量 2.6 kg
6	枕芯	75 cm×45 cm		2 个	内充羽绒棉,含填充物总重量 1.35 kg
7	枕套	48 cm×78 cm+15 cm×5 cm(含 5 cm 法式飞边)	100% 精梳棉,80 支纱 / 400 针	2 个	

（二）铺床前准备工作

（1）检查床单、枕头等是否有污垢或者需要更换。

（2）检查床单、被套、枕套是否熨烫平整。

（3）叠床单、被套、被芯:

①床单、被套:正面朝里,沿长边对折两次,再单边朝里沿宽边对折两次。

②被芯:沿长边 S 形折叠,再两头向中间折,然后对折。

三、任务探究

中式铺床的方法由于各酒店要求不同而存在差异。总体流程如下:

（一）将床垫拉离床头板

微课:中式铺床的流程

弯腰下蹲,双手将床垫稍抬高,缓慢拉出。将床垫拉离床头板约 30 cm。整理床褥,将床垫拉正对齐。检查床褥、床垫有无污迹、毛发、破损,如有及时更换。

（二）铺床单

站在床尾中央位置抖单,抖开床单的一头抛向床头一方,双手抓住床单的另一头,扬手上送下压,利用气压原理将床单平铺在床垫上。要求:甩单一次到位,开单迅速,动作不重复,一次抛单成功。床单包角,四角一致,内角 45°、外角 90°,紧密平实。床单正面朝上,中线居中。

图 1-10　铺床单

图 1-11　床单包边包角

（三）套被子

站在床尾，一次性甩开被套，开口部分在床尾，中折线居床的正中。将被芯四角套入被套四角，使被套与被芯四角重合饱满，四边重合饱满。

（四）甩被子

站在床尾中央，甩被子一次定位。被子中线与床单中线重合，两边吊边一致，床尾自然下垂。将被头向床尾方向翻折 45 cm，被子表面平整美观。

图 1-12　套被子

图 1-13　甩被子

（五）套枕芯

将枕芯抖松平放，捏住枕芯的两个角装入枕套内，两手抓住枕套口，边提边抖动，使枕芯全部进入枕套，将枕套口整理好，枕芯不外露。套好的枕头四角饱满，外形平整、挺括。注意：不要用力拍打枕头，枕头边应与床头平行，枕头中线居床的正中，枕套沿无折皱，表面平整，自然下垂。标准间的枕头枕套开口反向于床头柜，大床房的枕头枕套口相对。

（六）全面整理

整形，使整个床面平整、三线合一、挺括、美观。

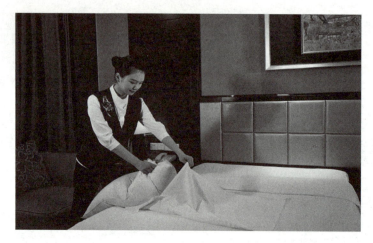

图 1-14　套枕芯

图 1-15　全面整理

（七）将床垫复位

弯腰将床垫缓缓推进，靠近床头板。切勿用力过猛，床垫复位后，床垫要与床头板分割线吻合。

四、任务实施

表 1-7　中式铺床实训评分表

典型工作 任务名称	具体任务 及分值	操作程序及标准（单床）	学员 评分	教师 评分
中式铺床	床单 （25分）	开单一次成功（两次扣1分，三次及以上不得分）。		
		抛单一次成功（两次及以上不得分）。		
		打单定位一次成功(两次扣1分,三次及以上不得分)。		

典型工作任务名称	具体任务及分值	操作程序及标准（单床）	学员评分	教师评分
中式铺床	床单（25分）	床单中线居中，不偏离床中线（偏离床中线1 cm以内不扣分，1~2 cm扣0.5分，2~3 cm扣1分，3 cm以上不得分）。		
		床单正反面准确（毛边向下，抛反不得分）。		
		床单表面平整光滑（每条水波纹扣0.5分）。		
		包角紧密垂直且平整，式样统一（90度）。		
		四边掖边紧密且平整（每条水波纹扣0.5分）。		
	被套（10分）	一次抛开（两次扣1分，三次及以上不得分）、平整光滑。		
		被套正反面准确（抛反不得分）。		
		被套开口在床尾（方向错不得分）。		
	被芯（40分）	被芯放于床尾，被芯长宽方向与被套一致。		
		抓住被芯两角一次性套入被套内，抖开被芯，操作规范、利落（两次扣1分，三次及以上不得分）。		
		抓住床尾两角抖开被芯并一次抛开定位（两次扣1分，三次及以上不得分）。		
		被子与床头平齐（以被芯翻折处至床头距离45 cm为评判标准，相差1 cm之内不扣分，1~2 cm扣1分，2~3 cm扣2分，3 cm以上不得分）。		
		被套中线居中，不偏离床中线（偏离床中线1 cm以内不扣分，1~2 cm扣1分，2~3 cm扣2分，3 cm以上不得分）。		
		被芯在被套内四角到位，饱满、平展。		
		被芯在被套内两侧两头平整（一侧一头不平整扣1分）。		
		被套口平整且要收口，被芯不外露，两角一致（未收口扣1分）。		
		被套表面平整光滑（每条水波纹扣1分）。		

续表

典型工作任务名称	具体任务及分值	操作程序及标准（单床）	学员评分	教师评分
中式铺床	被芯（40分）	被芯在床头翻折45 cm（每相差2 cm扣1分，不足2 cm不扣分）。		
	枕头（15分）	四角到位，饱满挺括。		
		枕头开口朝下并反向床头柜。		
		枕头中线与床中线对齐（偏离床中线1 cm以内不扣分，1~2 cm扣1分，2 cm以上不得分）。		
		枕套沿无折皱，表面平整，自然下垂。		
	综合印象（10分）	总体效果：三线对齐，床品清洁，平整美观。		
		操作过程规范，动作娴熟、敏捷、声轻，姿态优美，能体现岗位气质和礼节礼貌。		

五、巩固拓展

（一）课后练习

按照标准流程4分钟计时训练中式铺床5次以上，并拍照总结。

（二）知识拓展

铺床的方法除了中式铺床外，还有西式铺床。西式铺床程序比中式铺床更复杂，要求也比较高。

表1-8　西式铺床程序

	操作步骤	操作要领
西式铺床	将床拉到容易操作的位置	屈膝下蹲，用手将床架连床垫慢慢拉出约50 cm。
	将床垫拉正放平	注意褥子的卫生状况。
	将第一张床单铺在床上（甩单、包边、包角）	（1）床单的正面朝上，中折线居床的正中位置。 （2）均匀地留出床单四边，使之能包住床垫。
	将第二张床单铺在床上	（1）将正面朝下，中折线要与第一张床单重叠。 （2）床单上端多出床垫（床头）约5 cm。
	将毛毯铺在床上（盖毯、包边、包角）	（1）毛毯的商标须在床尾，商标朝上。 （2）毛毯上端应距床头25 cm。

续表

	操作步骤	操作要领
西式铺床	将床单与毛毯下垂部分塞入床垫与床架之间	（1）将长出毛毯30 cm的床单沿毛毯反折做被头。 （2）两侧下垂部分塞入床垫后再将尾部下塞入床垫，并包角。
	装枕（装芯、定位整形）	（1）将枕芯装入枕套,四角到位,饱满挺括。 （2）注意不要用力拍打枕头。 （3）枕头边与床头边平行。 （4）枕头中线居床的正中位置。 （5）枕套沿无褶皱，表面平整，自然下垂。
	盖上床罩（定位、罩枕、整形）	（1）床罩下摆不要着地（指未定型床罩）。 （2）床罩顶端与枕头平齐，多余部分压在枕头下面，注意两条枕线的平直。
	将床推回原处	（1）用腿部的力量将床缓缓推进床头板下。 （2）检查床是否铺得整齐美观。

典型工作任务三　卫生间清扫

一、任务描述

今天小赵上早班，她像往常一样，推着房务工作车开始了一天的客房清扫服务。1605号房的客人已经退房了，小赵打开房门，拿着清洁篮走进卫生间，就闻到一股臭味，同时也看到在恭桶和浴缸附近的地面上有呕吐物，小赵不免皱起了眉头。请问：小赵应如何清扫卫生间呢？

> 学习目标
>
> 1. 掌握卫生间清洁程序和要求。
> 2. 能按正确的程序和方法清洁卫生间。
> 3. 培养学生学会适应和坚持，具有敬业精神和不怕脏、不怕累的工作态度。

二、任务准备

与房间清扫相同的是，小赵在清扫卫生间前也要做好各项准备工作，主要包括准备清洁剂和清洁工具。各种清洁剂和清洁工具都应根据不同的清洁对象适时、适量、正确地选择使用。必须遵守使用规则正确操作，切勿因偷懒而违规操作。同时，由于卫生间清洁对象的特殊性，小赵还要调整好心态，克服怕脏、怕累的思想，尽力做好卫生间清扫。

表 1-9　卫生间清洁剂和清洁工具使用规范

分类	名　称	适用范围	使用方法	注意事项
清洁剂	四合一全能清洁剂	卫生间的整体清洁，家具清洁，金属件日常清洁。	按照比例稀释，四合一全能清洁剂相当于全能清洁剂、洁厕剂、玻璃水与84消毒液的作用。	四合一清洁剂需稀释使用，稀释比例1：20。避免挥发产生异味。
	异味消除剂	消除卫生间异味。	将异味消除剂直接喷洒于空气中。	
	灭菌魁	卫生间灭菌、除味。	将灭菌魁喷入卫生间地漏。	稀释比例1：100。
	除霉菌膏	卫生间硅胶接缝。	将除霉菌膏均匀涂于发霉的硅胶表面，30分钟后用绿色湿抹布擦净。	

续表

分类	名 称	适用范围	使用方法	注意事项
清洁工具	抹布	擦干与擦净物体，提高工作效率。	绿色：卫生间台面、恭桶水箱台面、冲水按钮，淋浴区玻璃、塑料三脚架、沐浴液盒、卫生间门。 黄色：恭桶盖板，座圈。 蓝色：卫生间墙面、地面。 棕色：玻璃、镜子、五金件。 禁止用白色抹布做卫生清洁。	每班下班前清洗、浸泡、消毒，消毒间配备与抹布同色的消毒桶。 抹布折叠使用，切勿揉成一团。
	抹布篮	盛装各类抹布。		
	平板拖把	卫生间地面清洁。	拖拭卫生间地面。	每班下班前清洗、浸泡、消毒。
	各种刷具、刮片	刷洗卫生间的各种设施设备。	恭桶刷：清洁恭桶。 面池刷：清洁洗脸盆、水龙头等。 地板刷：清洁淋浴房地面、防滑垫。 海绵百洁布：五金件等。 涂水器：镜面、淋浴房玻璃、墙面。 玻璃刮：镜面、淋浴房玻璃。	
	清洁篮	用于摆放清洁工具。	将清洁卫生间所用清洁用品、工具分格摆放。	每一种清洁用品、清洁剂贴上标贴，分类摆放。保持清洁篮的干净，无杂物、无积水。
	喷壶	盛放清洁剂。	不同的清洁剂使用不同的喷壶装，做好标记。	检查喷壶是否能正常使用，喷嘴堵塞时，及时更换，以免影响工作效率。

三、任务探究

卫生间是客房的重要组成部分，其卫生质量是客房清洁的重要标志。小赵清扫卫生间时不仅要按规范程序操作，还要符合卫生质量标准。

（一）卫生间清扫的程序与标准

1. 准备工作

在清洁篮内分格摆放好四合一全能清洁剂、异味去除剂、面池刷、恭桶刷、地板刷、百洁布、涂水器、玻璃刮等卫生间清扫需要的各类清洁剂和清洁工具，将清洁篮、抹布篮带入卫生间。打开卫生间灯和换气扇，并环视检查。对恭桶喷洒四合一全能清洁剂，并合上盖板。

2. 撤五巾

撤下五巾，放入工作车的布草袋内。包括客人未动用过的五巾也要撤出。

3. 撤出垃圾

废弃物品均收集到垃圾袋中，扎口后投入工作车的垃圾袋内，擦净垃圾桶内外壁。撤出的口杯放入房务工作车内脏杯具收纳盒中。卫生间地面有严重污迹，此时可先做初步清洁。

4. 清洗抹布

在洗面盆内清洗绿色抹布，用四合一全能清洁剂喷洒后清洗，其他抹布在淋浴区清洗。

5. 清洁沐浴区

（1）淋浴房的清洁

①检查挡水石、玻璃门是否完好及开关正常，如有异常报工程部维修。

②用热水冲洗地漏，防止异味。

③清水冲洗淋浴区玻璃、玻璃门、墙面、地面、防滑垫。

④喷洒四合一全能清洁剂。

⑤用涂水器清洁玻璃、玻璃门、墙面后用清水冲洗。

⑥用板刷清洁地面、防滑垫。

⑦用清水冲净地面、防滑垫。

⑧用蓝色抹布包裹吸干防滑垫水分后，防滑垫竖立放在玻璃门旁。

⑨用玻璃刮刮净玻璃窗、玻璃门、墙面、地面的水迹，检查地漏处有无毛发。

⑩用绿色抹布擦净沐浴盒、三角托盘。

⑪蓝色抹布擦除玻璃刮无法除尽的水迹，防滑垫归位。

⑫擦拭垃圾桶。

（2）浴缸的清洁

①拿起浴缸活塞，将里面的头发等杂物清理干净。

②在浴缸及周围喷洒四合一全能清洁剂，用专用浴缸刷从上到下，从里到外刷洗浴缸。将浴帘放入浴缸内，清洗浴帘底部。

③用清水将浴缸及浴帘底部冲洗干净后，用绿色干净抹布抹干。

④用棕色抹布擦亮水龙头，并将活塞安装好。

⑤再用绿色抹布喷上消毒剂对浴缸进行擦拭消毒。

⑥将浴帘拉出三分之一。

6. 清洁洗漱区

（1）用清水冲洗洗面盆。

（2）洗面盆内喷洒四合一全能清洁剂。

（3）用面池刷清洁洗脸盆。

（4）镜面喷洒四合一全能清洁剂。

（5）用涂水器清洁镜面。

（6）用玻璃刮刮净镜面水迹。

（7）用清水冲洗洗面盆。

（8）用绿色抹布擦拭洗面盆、水龙头、台面、皂盒。

7. 清洁恭桶区

（1）用专用恭桶刷清洁恭桶内壁、出水孔及底部。

（2）按恭桶按钮，冲洗恭桶，确保恭桶内余水无泡沫。

（3）用黄色恭桶专用抹布，擦净恭桶盖板、盖垫圈、外壁、底座并消毒。

（4）用绿色抹布擦拭恭桶水箱台面、冲水按钮。

8. 擦拭

（1）用棕色抹布擦拭电吹风、开关面板、镜面、水龙头、玻璃托架、毛巾浴巾架。

（2）用棕色抹布擦拭淋浴杆、淋浴喷头、玻璃门及铰链等五金件。

（3）用棕色抹布抛光卫生间玻璃门及门把手五金部分。

（4）只留蓝色抹布放在卫生间地面，撤出清洁篮、抹布篮放在房务工作车上。

9. 清洁卫生间门

用绿色湿抹布从上至下擦净卫生间门正反两面、门框和门顶。

10. 补足客用品

（1）按标准折叠、摆放毛巾、浴巾和地巾。

（2）按标准摆放牙刷、牙膏、口杯、沐浴液、润肤液、洗发水、护发素、香皂、浴帽等客用消耗品。

（3）卫生卷纸放在托架内，外露部分折叠成三角形。

（4）将垃圾桶套上垃圾袋。

11. 清洁地面

（1）清洁地面前环视卫生间整体。

（2）用蓝色抹布擦拭卫生间墙面。

（3）在地面上喷洒少许四合一全能清洁剂，用蓝色抹布从里至外、沿墙角平行，边退边擦净卫生间地面。

（4）清洁完毕后，卫生间门呈 30° 开启，半虚掩状态。

（二）卫生间清扫的注意事项

（1）从卫生间撤出的口杯等杯具均需统一拿到工作间清洗、消毒，不得在卫生间清洗。

（2）卫生间的开关、水龙头等金属件应用海绵清洁，以免擦伤表面，必要时可用抛光剂擦拭金属器件，确保表面无污迹、无水迹、无锈迹。

（3）注意地漏的清洗、除味，可用牙刷清洁地漏内侧毛发和污迹。

（4）补充客用品应遵循走客房更新，住客房补缺不撤的原则。

（5）清扫卫生间时抹布和其他清洁工具须严格区分，不能交叉混用。

（6）清洁浴缸时，四个边角处污垢残渣较多，要特别留意，做好清洁。同时，不能踩踏浴缸四周边缘，避免发生安全事故。

（7）住客房若卫生间门关闭，应敲门确认无人使用后再进门清扫。客人如放有自己的洗漱用品，清洁时将物品摆放整齐。客人如放有化妆箱或首饰，不可随意移动。

四、任务实施

表 1-10　卫生间清扫实训评分表

典型工作任务名称	具体任务及分值	操作标准及要求	学员评分	教师评分
卫生间清扫	卫生间清扫前的准备工作（15分）	仪容仪表符合客房服务员职业要求，仪态端庄。		
		按标准清洁、配置房务工作车。		
		配齐清扫卫生间所需的清洁工具和清洁剂。		
	按规范进房（10分）	按正确的敲门步骤敲门进房，清洁工具放置到位。		
	卫生间清洁整理（40分）	按正确的程序清洁整理。		
		各步骤按标准操作，动作规范。		
		正确选择和使用清洁工具及清洁剂。		

续表

典型工作 任务名称	具体任务及分值	操作标准及要求	学员 评分	教师 评分
卫生间 清扫	添补卫生间用品 （15分）	按规定数量更换、补充客用品。		
		各种客用品折叠规范，摆放整齐、统一，符合酒店规定。		
	清洁卫生间地面 （10分）	按正确的方法清洁卫生间地面。		
	整体效果 （10分）	卫生间卫生符合标准，客用品数量齐全，摆放符合规定。卫生间内无异味、无毛发、无污迹、无水渍。		
		按正确的步骤和标准操作，整个过程做到"三轻"，动作熟练、规范。		

五、巩固拓展

（一）课后练习

1. 分板块练习：各小组学员根据卫生间清扫实训评分表的具体任务，分板块训练。

2. 综合练习：按正确的程序和方法进行卫生间清扫练习，时间10分钟。

（二）知识拓展

卫生间清洁检查

与房间清扫后会有严格的检查相同，卫生间清扫完毕，各级管理人员也要对卫生间的清洁卫生质量进行全面的控制与检查。

表1-11　卫生间检查程序与标准

程　序	标　准
1. 门	·是否转动灵活，锁孔是否光亮，有无水迹，有无破裂。 ·有无破损、脱漆。 ·门顶、门框有无积灰。
2. 花洒、墙体	·天花有无漏水、脏迹、松落现象。 ·风机是否清洁，运转是否正常，有无噪声。 ·瓷砖是否干净、无裂缝、无脏迹。

续表

程　序	标　准
3. 洁具	·金属键是否干净、光亮、无皂迹。 ·内壁有无水珠或皂迹。 ·热水是否操作正常。 ·水塞有无毛发。 ·是否有皂迹、水珠。 ·住客房间必须每日清洗面盆和浴缸。
4. 台面	·是否清洁明亮，有无水珠和皂迹。 ·是否有磨损或腐蚀。
5. 用品	·房内配备客用品是否齐全干净且摆放到位。 ·房内各种毛巾是否折叠整齐、摆放好。
6. 马桶	·座圈是否干净、无黄迹。 ·外侧是否无迹印，保持光亮、干净。 ·水掣按键是否灵活、操作正常、无噪声。 ·马桶必须每日清洗，每月喷洒消毒。
7. 地面	·地面是否干净、光亮、无水迹。

典型工作任务四 计划卫生

一、任务描述

随着冬奥会的圆满结束，客人们也集中退房离店。M 酒店趁这段时间客人比较少，按照客房定期清洁保养计划，准备对房间开展周期性的清洁保养，即实施计划卫生。这一天的晨会，张领班对小赵下达的工作任务是在完成每天日常清洁保养工作的基础上，对 1603、1605、1609、1611 这 4 个房间的木质家具打蜡。请问：小赵应如何实施今天的计划卫生工作呢？

学习目标

1. 了解计划卫生的常用工具。
2. 掌握计划卫生的程序和单项清洁计划操作规范及要求。
3. 能用正确的方法开展计划卫生工作。
4. 培养学生树立科学发展观，提升管理思维，杜绝蛮干。

二、任务准备

酒店客房内的家具、设备、用品众多，仅靠日常的清洁保养难以维持最佳状态，因此需要在日常清洁保养的基础上，制订周期性的清洁保养计划，对很难每日清洁、容易忽视的部位或家具设备进行定期清洁保养，以保证客房的正常运转。

由于这是小赵第一次独立接到单项计划卫生任务，为了保证工作质量，她向张领班请教计划卫生的操作方法。张领班告诉小赵，工欲善其事，必先利其器。针对不同的计划卫生任务准备好各种清洁工具才能让客房计划卫生工作达到最佳效果。计划卫生常用的清洁工具和设备见表 1-12。

表 1-12 客房计划卫生常用清洁工具和设备

工具名称	用　途
百洁布	墙纸、墙布去污
人字梯	房间、卫生间高处清洁
吸尘器	地毯、出风口过滤网清洁
洗地毯机	地毯清洁
四合一全能清洁剂	物品去污处理
家具蜡	家具上蜡

续表

工具名称	用　途
除螨仪	床垫除螨
各类刷具、抹布	物品去污
烘被机	被子除湿

三、任务探究

通过张领班的培训，小赵了解到客房计划卫生的具体内容和时间安排是根据各个酒店自身的设施设备情况和淡旺季而定的，但计划卫生的实施步骤是一致的。

（一）计划卫生的程序

1. 制表

结合酒店具体情况制订"大清洁计划实施记录表"与"单项清洁计划实施记录表"。表格中的项目可适时、适当进行调整，但要明确日常清洁与计划卫生的项目与标准，做到有所区分，不重复。

2. 张贴客房计划卫生表

客房经理/领班在楼层工作间张贴"大清洁计划实施记录表"和"单项清洁计划实施记录表"。"大清洁计划实施记录表"可记录一年的实施情况，"单项清洁计划实施记录表"可记录一个月的实施情况，需每月更换。

3. 实施客房计划卫生

（1）大清洁

每位客房服务员每天完成1~2间大清洁房，服务员须在一间房间内完成"大清洁计划实施记录表"中列出的所有项目。每间房实行大清洁的周期尽量间隔为一个月。特殊情况（如长包房）无法进行大清洁时需记录原因，择时进行。

（2）单项清洁

服务员打扫房间时，需完成"单项清洁计划实施记录表"中规定的当日单项项目，每位客房服务员每天实施1~2项客房单项清洁项目。周期为90天及以上的项目，无固定实施时间，由客房经理/领班自行安排。

4. 记录

客房服务员做完大清洁房或实施完单项清洁后，要及时登记在"大清洁计划实施记录表"和"单项清洁计划实施记录表"上，要注意避免重复实施。

5. 检查

客房大清洁及单项清洁为必查项，大清洁房须客房主管及以上人员检查记录并签字。运营经理可协助客房主管/领班做好计划卫生检查工作。

（二）客房单项清洁计划项目安排

酒店常采用的客房单项清洁计划项目及时间安排如下：

表 1-13 客房单项清洁计划项目及时间安排表

时间周期	项目内容	项目要求
一周	电话机消毒	无污渍、无灰尘。
	地毯干泡清洁	干净无污渍，蓬松。
一周	热水壶除垢	干净无水垢。
	卫生间墙砖清洁	干净无污渍。
	工作车细致清洁	干净无污渍。
	吸尘器细致清洁	干净无污渍。
一个月	木制品保养	干净无尘、无变形、无明显划痕。
	空调出风口清洁	干净无尘。
	马桶水箱及出水口清洁	干净无水垢、无污渍。
	电镀保养	无污渍、无痕迹。
	家具保养	无污渍、无痕迹。
	床头软包清洁	干净无污渍。
一季度	翻床垫	位置准确，拉正放平。
	地毯抽洗清洁	干净干燥，无污渍，蓬松。
	沙发抽洗	干净干燥，无污渍，无灰尘。
	花洒清洁	干净无堵塞。
	灯具顶罩清洁	无灰尘，无虫尸。
	床垫除螨	除螨。
	排风扇清洁	无污渍，无灰尘。
	靠枕及抱枕清洗	干净无污渍，蓬松。
	墙纸清洁	干净无污渍。
	冰箱清洁及除霜	干净无霜。
半年	烘被子	被子干燥、干净、无异味。
	床褥垫清洁	无污渍，无毛发。
一年	窗帘、纱窗、遮光布清洁	无污渍、无异味、无褶无破损、无明显抽丝。

（三）客房单项清洁计划操作规范与标准

1. 空调出风口清洁

（1）清洁时先关闭空调电源，搭起人字梯，保证梯子的稳定后，一人蹬上人字梯，另一人在下方保护，两人互助，避免摔伤。将出风口打开，取出过滤网，使用吸尘器吸净，如很脏，再用清水冲洗，擦干。

（2）用潮抹布（折叠使用）擦拭风口直至干净，再将过滤网装上，打开电源检查是否能正常使用，如不能则报修工程部。

2. 墙纸去污

（1）服务员在日常清洁过程中应及时去除墙纸的污迹，一般污迹可用带有少许清洁剂的百洁布轻轻擦洗，无法去除的污迹报告主管，派专业人员去除。

（2）做计划卫生时对表面的灰尘用专用毛刷轻轻去除，再用潮抹布把墙布擦干净。

（3）若发现墙壁潮湿，天花板漏水现象，及时报工程部维修，以免墙纸发霉。

3. 房间灯罩清洁

（1）关闭电源，取下灯罩，使用百洁布软面蘸四合一清洁剂刷洗灯罩重污处，再使用温水全面清洁，清水冲净直到无污水流出，否则干后会出现水印。

（2）洗净后，用干净抹布抹干，放置在统一指定处晾干，严禁暴晒，也可使用吹风机吹干。

（3）待完全干燥后，安装到灯架上，如有破损立即报修。

（4）拆卸和安装灯罩时，均应使用人字梯，避免发生安全事故。

4. 翻床垫

（1）将床垫拉正、放平，平铺在床架上，注意床垫商标的位置。

（2）第一季度使商标在床尾正面。

（3）第二季度将床垫旋转180°，使商标在床头正面。

（4）第三季度将床垫翻转后旋转180°，使商标在床尾下面。

（5）第四季度将床垫旋转180°，使商标在床头下面。

5. 木制家具保养

（1）服务员要保持家具表面的清洁，按时对表面进行打蜡，以保持光亮和修护轻微划痕。

（2）经常检查家具螺丝是否松动，五金零件有无丢失等，若有则及时报工程部维修。

（3）平时做好家具的防水、防潮、防热和防蛀工作。

6. 马桶出水口及水箱清洁

（1）清洁水箱时，先取走水箱上物品，将盖板放置在安全且垫有抹布地板上，避免摔坏。

（2）将百洁布喷上适量的四合一全能清洁剂，刷洗水箱壁沿，将洁厕剂喷洒在出水口，浸泡3~5分钟，戴上手套清洁，确保无污渍。

（3）放水，将水箱里面的带泡水源全部放流，保证出水口出水干净无泡沫。

（4）水箱盖板归位，测试抽水是否正常，擦净抽水按钮。

7. 床底吸尘

（1）将床垫和床架全部拉出 30 cm，插上吸尘器电源，对床头缝隙处进行吸尘，边角使用扁嘴，保证无尘无杂物。

（2）将撑高凳塞入床底，垫高床架高度，对床底床尾部分进行清洁。尤其注意对床轮放置处吸尘，保证地毯毛蓬松。

（3）取出撑高凳，将床归位，保证床垫与床架四角四边吻合，对床面整形复位。

（4）将房间其他地毯处按地毯毛方向吸尘，拔掉电源，将电源线归置，退出房间。

8. 卫生间灯罩清洁

（1）准备吸尘器、人字梯、清洁工具。

（2）由于卫生间多为瓷砖地面，须将抹布垫在人字梯下方，一人蹬上梯架，另一人扶梯，保证安全。取合适的吸尘头和一个接头，将吸尘头安在管子上，中间安上连接器。

（3）保持手部干燥，关闭灯源，取下灯罩，松开螺丝，避免灯罩破损。

（4）对灯罩四周纤维表面吸尘，关闭吸尘器。

（5）用湿抹布擦灯柱，用干布擦净玻璃罩面。

（6）重新放上灯罩，固定灯罩，检查是否能正常使用。

（7）做好收尾工作，保证卫生间干净。

9. 硅胶接缝除霉

若硅胶有小面积发霉，可采用以下方法，若有大面积霉斑，联系工程部维保。

（1）戴上手套。

（2）将除霉菌膏涂于硅胶接缝发霉处，30 分钟后用绿色湿抹布擦净。

（3）用手将膏体均匀涂开。

（4）取下手套。

10. 电热水壶清洗

（1）准备白醋、杯刷及专用白色棉质消毒净布。

（2）打开水壶将残水倒尽。冲洗电热水壶内胆并将水倾倒干净。清洁时，不可将电热水壶浸入水中或用水淋洒冲洗，以免故障和漏电。

（3）将约 350 mL 白醋倒入内胆，加热煮沸后将白醋倾倒干净。

（4）注入清水，用杯刷清洗电热水壶内胆后将水倒尽。

（5）清水冲洗电热水壶内胆，清除醋味，将水倾倒干净。清洗后的内胆无茶垢、无水锈、无醋味。

（6）用棕色抹布擦拭电热水壶表面和底座，电热水壶表面干净，无水迹。

（7）擦拭电线，并盘绕在底座线槽内，保证电源插头、插座、电源线干燥。

11. 沙发清洁

（1）准备工作：检查吸尘器、鼓风机、抽洗机等设备是否完好，若有问题立即联系工程部修复。备好打气喷壶、手刷、手提扒头、水桶、洁液管、除油剂、清洁剂（低泡）等器具用品。放置"正在打扫"提示牌，提醒客人注意安全。

（2）吸尘：用吸尘器中号吸尘头对沙发表面吸尘，再用小号吸尘头对沙发缝隙处彻底吸尘。

（3）除迹：在吸尘的过程中，检查沙发有无特殊污染，根据不同污迹选择相应的清洁剂，用手刷去除污迹。

（4）清洗：按1：20的比例配制清洁剂，并倒入抽洗机的水箱，接通电源，按下喷雾开关，均匀地对沙发每个部位进行预喷洒。喷剂后等待5~10分钟，让清洁剂充分作用。用手扒头贴在沙发表面，控制喷雾开关，从前向后对沙发每个部位进行洗涤、吸水。对沙发边角、缝隙处手扒头无法接触的地方，用手刷进行洗涤，使整个沙发干净、蓬松。用鼓风机加速空气流通，尽快吹干沙发。

（5）收尾工作：用干净尘推清除沙发下面以及沙发四周水迹。撤除"正在打扫"提示牌，将清洁用具清洁干净后放回工作间。

四、任务实施

表1-14 计划卫生实训评分表

典型工作任务名称	具体任务及分值	操作标准及要求	学员评分	教师评分
计划卫生	计划卫生前的准备工作（10分）	仪容仪表符合客房服务员职业要求，仪态端庄。		
		准备好做计划卫生所需的清洁工具和清洁剂。		
	房间计划卫生（40分）	门，门头：无污迹，无积灰。		
		窗户、窗帘、纱窗：干净无污渍，窗户限位完好，窗帘纱窗推拉灵活，无破损，无脱钩。		
		杯具：无茶渍，无水渍，无异味。		
		床：床架、床垫完好无异响，床上棉织品无破损，无血迹，无污渍，无毛发。		
		地面：干净无污迹，无毛发，地毯边缘（含家具四周、底部）无积灰。		
		墙面、墙角、天花板：无灰尘，无蜘蛛网。		
		家具、设备：各类家具设备、电器保持无灰尘、运转正常，靠墙家具背面、电视机背面无灰尘。		

典型工作任务名称	具体任务及分值	操作标准及要求	学员评分	教师评分
计划卫生	房间计划卫生（40分）	灯具：各种灯具内、外无尘无迹。		
		空调：空调外壳、出风口、隔尘网干净无灰尘。		
	卫生间计划卫生（40分）	地面、墙面、天花板：瓷砖无松动，无破损，无污渍、无毛发，天花板无污迹。		
		地漏：无毛发，无异味。		
		硅胶接缝：无发霉。		
		五金件（包括玻璃门铰链）：无污渍，无水迹，无锈斑。		
		洗脸台：干净，无毛发，无污渍，无水迹，无锈迹。		
		恭桶：干净，无污渍，无异味，冲水顺畅。水箱内部无污渍，外部无斑迹。		
		浴缸/淋浴间：干净，无毛发，设施固定牢固，无松动。玻璃门干净，防水条完好、无损。浴帘无污迹，无破损。		
		镜子：干净无污迹。		
		棉织品：干净、柔软，无毛发，无污渍，无破损、掉线。		
		灯具：各种灯具内、外无尘无迹。		
	整体效果（10分）	眼看到的地方无污渍，手摸到的地方无灰尘，各个死角无尘无迹，还原物品本来面貌。空气清新无异味，房间卫生达"十无"，符合绝对干净要求。		
		按正确的步骤和标准操作，整个过程做到"三轻"，动作熟练、规范。		

五、巩固拓展

（一）课后练习

各小组学员根据计划卫生实训评分表，分房间和卫生间两大板块开展计划卫生清洁实训。要求按评分表中列举的项目，严格按标准操作。

（二）知识拓展

在客房日常清洁保养和计划卫生工作中，常会遇到各种污渍。下面介绍各种污渍的常用清洁方法。

表 1-15　各种污渍的常用清洁方法

污渍种类	去渍方法
血迹	用冷水浸泡，用干布吸干，然后用海绵块蘸上清洁剂擦拭，吸干溶液，用清水洗干净。或者用 1：50 的稀盐水擦湿，等 2~3 分钟之后用布从旁边向中心擦，然后用清水洗干净并吸干。
口香糖	用口香糖除渍剂喷在口香糖上，待其硬化后，用硬物将其敲碎，剔除。
呕吐物	清除污物后，在污迹上倒上苏打水，然后用抹布或板刷进行清洁，再用清水过净后吸干。
唇油/指甲油	用海绵块蘸上醋酸或专用清洁剂擦拭，吸干溶液，然后再用清水清洗干净。
可乐/巧克力/牛奶	在稀释了的洗洁精内加入适量白醋，然后擦拭，清水过净后吸干。
果汁/茶水	用白醋加水清洗，再用清水过净后吸干。
油腻食物/鞋油	抹去污迹吸干水分后，再用地毯除渍剂清洁，清水过净吸干。
墨水迹	用冷水冲洗，至墨迹变淡，然后用稀释了的草酸溶液浸湿污迹 2~3 分钟，用稀释了的高锰酸钾溶液浸泡 2~3 分钟，用清水过净吸干。
圆珠笔痕迹	普通洗涤可以洗去某些种类的圆珠笔痕迹。
涂料	用热水抹布捂片刻，待其软化后擦除。
胶印	用除胶剂喷在胶印上，待其软化后用干抹布擦除。
金属表面的锈迹、水垢	轻微锈迹，用四合一全能清洁剂抹在干抹布上，直接擦拭锈斑。较为严重的锈迹，将重污清洁剂涂抹在湿抹布上，直接擦拭锈斑。注意按照不锈钢纹理由上至下或由左至右，顺势擦拭。

典型工作任务五　清洁消毒

一、任务描述

进入春季，气温逐渐升高，各种病毒及虫蚁鼠害也进入活动频繁期，因此 M 酒店更加重视对客房区域的消毒和有害生物的消杀。今天，张领班通知小赵等楼层服务员，下午 4 点客房部将统一检查各楼层有害生物的防控工作。请问：客房区域应从哪些方面防控有害生物呢？

学习目标

1. 了解客房常用的清洁剂、消毒剂种类。

2. 掌握客房消毒和有害生物控制方法。

3. 能用正确的方法开展客房消毒及有害生物防控工作。

4. 教育学生具有爱岗敬业、全心全意为客人服务的精神，树立环保意识和节约意识，具有与酒店共存的使命感。

二、任务准备

春季客房区域的清洁消毒工作是客房部的重点工作内容之一，小赵必须以高度的责任心和认真负责的态度做好此项工作，从而有效地防控有害生物的滋生。为此，小赵首先要做好以下准备。

（一）客房常用清洁剂和消毒剂

客房的清洁消毒工作离不开各种有效的清洁剂和消毒剂。除了本书前面介绍过的清洁剂之外，还有以下常用的清洁剂和消毒剂。

表 1-16　客房常用清洁剂和消毒剂

名　称	特　性
多功能清洁剂（如四合一全能清洁剂）	用于清洁家具表面、地面（除打蜡地板）、墙壁、面池、玻璃等，按不同比例兑水可清洁不同物体。
洁厕剂	清洁、消毒恭桶。忌接触眼睛、皮肤、大理石、金属件。
擦铜水	含氨及抛光剂，用于去除铜面的氧化物，应在客人不在时使用。
不锈钢清洁剂	清除不锈钢表面污渍，用后留有保护膜，防尘防污。
地毯除渍剂	清除地毯上的水溶性污渍，如茶渍、咖啡渍、果汁渍等。一般按 1∶20 的比例兑热水。喷上此剂后用刷子轻刷，再用干布吸干地毯。
地毯除油喷剂	清除地毯上的恶性油渍。

续表

名　称	特　性
除香口胶喷剂	冷冻香口胶后敲碎除去，绝不能对肌肤喷施以防冻伤。
金属除渍剂	适用于清除电镀金属和不锈钢表面的锈渍及恶性污渍。
玻璃清洁剂	适用于窗、镜、玻璃表面的清洁。忌接触眼睛，不能用于金属件。
酒精	易燃、挥发性强、有消毒作用，可除去部分胶渍，适用于消毒器皿、电话等。
漂白水	有腐蚀性和漂白作用，用于对瓷砖或硬石质地面的清洁，绝不能用于织物、家私，使用时注意不能污染衣物。
乳膏去污液	能去除各种难除污渍。将乳膏倒在湿抹布或不带研磨的海绵垫上，轻轻擦拭表面。
空气清香剂	能清新空气，去除烟味或不良气味。从房间里面到外面依次喷洒，请勿配水稀释。
静电除尘剂（静电水）	喷洒于尘推布面上清洁地面，按比例稀释使用，注意用量。
84消毒液	配比一般为1∶200，可用于卫生洁具消毒和杯具浸泡消毒。

（二）清洁剂和消毒剂的使用要求

为给客人和员工提供安全的环境，避免意外事故的发生，清洁剂和消毒剂的使用须遵守以下要求：

（1）员工应经过全面的岗前培训，明确各种清洁剂、消毒剂的特性和使用、储存方法。

（2）使用清洁剂或消毒剂，特别是酸、碱性较强的腐蚀性药剂时，应佩戴合适的防护手套，以防对皮肤造成伤害。清洁剂不慎入眼时，应立即用大量清水冲洗眼睛，并请医生诊治。

（3）未经允许，不得随意将两种清洁剂混合在一起，以防发生化学反应，产生无法预见的危害。

（4）所有的清洁剂和消毒剂都要在瓶身贴上正确的标识并储藏在专用储存柜内，不能随意装在饮料瓶或其他没有标识的容器内。禁止将陈旧的清洁剂与新购入的清洁剂混合。危险药剂（如强酸类、强碱类）要与其他药剂分开存放。每日库管员应当在上班后、下班前检查储存情况，并做好登记。

（5）在使用各种清洁剂之前，要仔细阅读使用说明。在尚未完全确定清洁剂的药性前，不能盲目使用。应向上级或有经验的同事请教，在确定不会对清洁对象造成损害时再正式使用。

三、任务探究

消毒是指消除或杀灭外界环境中的病原体，是切断病原体传播途径的重要措施。为保证客人和员工的身体健康及安全，酒店应制定完备的清洁消毒制度。小赵应熟知此项制度并能熟练掌握消毒的具体方法和有害生物的控制方法。

（一）清洁消毒制度

（1）客房服务员在对客房清洁消毒时，必须配齐工具，并注意各种工具的区分使用，严禁混用清洁工具和清洁剂。

（2）小件物品的消毒程序为一冲、二洗、三消毒、四冲洗、五保洁。具体来讲：第一用清水冲净污物；第二用专用洗涤剂将物品洗涤干净；第三用合适的方法对物品消毒；第四冲洗物品，保证无消毒药剂残留；第五台面保洁，无水渍。

（3）针对不同的设施设备，采用不同的消毒方法。常用消毒法包括通风与日照消毒、物理消毒、化学消毒。

（4）房间内的供应物品，如杯具、床上用品要全面消毒，保证干净、卫生、整洁、无异味。卫生间的洁具要做到每日清洗、消毒，达到客房卫生的生化标准。

（5）客房服务员必须每天记录客房消毒情况，写明消毒时间、种类、数量、操作人员等信息，由领班负责检查。

（二）客房消毒

1. 客房工作人员

（1）客房工作人员须持健康证上岗，定期检查身体，无传染性疾病。

（2）实行上下班换工作服制度，工作服不带回家，统一由酒店安排洗涤。

（3）保持手部卫生，遵循"七步洗手法"清洁双手，并对手部消毒。

（4）实施清洁、消毒工作时，应戴好手套保护双手。

2. 房间消毒

房间可采用通风与日照消毒和擦拭消毒相结合的方法进行消毒。

（1）通风与日照消毒

开门、开窗，空气对流，改善房内空气质量，让阳光照射进房间，利用阳光的紫外线杀死病菌。

（2）擦拭消毒

服务员清扫客房后，用消毒溶液擦拭房间内的设施设备。如用10%浓度的碳酸水溶液擦拭，消毒完毕后紧闭门窗约2小时，再开窗通风，达到消毒的作用。

3. 卫生间消毒

卫生间采用擦拭消毒法消毒。

（1）用清水刷净洁具表面的污迹，使其表面干净光滑。

（2）用配比1：200的84消毒液擦拭洁具，再用专用刷具刷洗，最后再用清水冲净、擦干。

（3）用含消毒功能的清洁剂擦洗洁具，用清水冲净后再用专用抹布擦干，也可达到清洁消毒的目的。

4. 杯具消毒

每天从客房内撤出的马克杯、茶杯、口杯等各类杯具都要进行严格的清洗、消毒，以保证客人的健康。

（1）杯具消毒总体要求

①客房杯具清洗、消毒由专人负责。

②杯具实行一客一消毒制度。

（2）杯具清洗、消毒方法

①服务员在清洁客房时，将杯具撤到消毒间进行清洗、消毒。将杯具的残渣清洁干净，再用清水冲洗。清洗杯子应用专用百洁布或者杯刷，并视污渍情况配合使用洗洁精清洗。

②若使用药剂消毒，则在消毒池内倒入适量的84消毒液，消毒液配比浓度为1：90，注意稀释84消毒液时水温不能超过40℃，以防有效物质分解。将杯具放入消毒池内浸泡20~30分钟。浸泡消毒完毕后，将杯具放入清洗池内清洗，用清水彻底冲洗干净，使用消过毒的专用擦杯布擦干净，放入保洁柜内。

③若采用高温消毒，则将洗刷干净的杯子放入高温消毒柜消毒15分钟，注意杯口朝上放置，将杯具取出放入保洁柜内。

④消毒后的杯具，内外壁应光洁；放在保洁柜内长期不用的杯具，每星期重复清洗、消毒。

⑤保洁柜、消毒柜等要定期清洁，消毒间应随时保持干净。

⑥杯具在消毒间清洗消毒，要在消毒记录表上做好记录。当班领班对消毒记录表进行检查，并签字确认，每月主管对消毒记录进行抽查。

⑦每月将消毒记录表存档留底。

5. 遥控器、电话机消毒

（1）用干净湿润抹布擦拭遥控器和电话机。从电话听筒开始对电话机进行全面擦拭，注意不要漏擦遥控器和电话机的按键。如按键之间有灰尘，可用蘸湿的棉签清除。

（2）用干抹布擦拭遥控器和电话机，使机身无水渍、无斑迹。

（3）将75%医用酒精倒在棉球上，对遥控器和电话机进行全面擦拭，话筒、听筒、按键、话机背面都要擦拭。不要把酒精直接喷在遥控器或电话机上，因为这样可能会导致过多的酒精进入遥控器或电话机内部，引发故障。

（4）按要求摆放好遥控器和电话机。

（三）有害生物的控制

有害生物包括老鼠和各种昆虫如蟑螂、蚂蚁等，对有害生物的控制是酒店不可忽视的一项重要工作。客房区域由于其结构和人员活动的特殊性，更要加强对有害生物的防范。

表1-17　有害生物的控制方法

有害生物种类	控制方法
昆虫（蛾类、苍蝇、蚊子、蟑螂、蚂蚁、蜘蛛、螨虫、臭虫、跳蚤）	除酒店正门外，所有通向室外的门、窗都须安装密封良好的纱门、纱窗。
	在昆虫活动区域且不引人注意处须安装紫外线灭蝇灯，客房服务中心配备电苍蝇拍。在酒店周围的绿化带中设置蚊虫诱杀装置。
	每位客房服务员的房务工作车里配备能灭杀多种害虫的喷雾剂。
	如客房在一楼，卫生间地漏应安装纱罩。
	备用床上用品应置于聚乙烯袋中，再放入专用储存柜，柜内放置适量樟脑片。
	每季度定期进行一次酒店有害生物的全面查杀，并且记录查杀时间与实施情况。在夏季及梅雨季节需增加查杀次数。酒店可外请专业公司进行此项工作，确保酒店内有害生物的有效控制。
	及时处理客房清理出来的残余食品、空瓶，垃圾袋必须扎口，大垃圾桶和厨房垃圾桶应加盖并做好垃圾桶的彻底清洁。6—10月，垃圾房应每天喷洒杀虫剂。
	定期清扫楼层工作间、设备间、仓库、办公室等辅助用房，确保无积尘、无蛛网、无卫生死角、无杂物堆放。
	如发现白蚂蚁、蟑螂、马蜂窝要及时向上级汇报，并请专业灭害机构协助清除。
老鼠	检查客房内外的墙面、地面、管道有无裂缝，如有，报工程部尽快维修。
	如发现有老鼠活动痕迹，在其活动区域放置粘鼠板、鼠夹、鼠笼（墙角、墙边）。如放在营业区，必须确保不让客人看到。每天定时巡视灭鼠装置。
	厨房下水道出口处应安装铁丝网罩。排烟管道向室外排放口应安装铁丝网罩。
	发现啮咬造成的损坏、粪便、恶臭和小洞，应及时上报。并调查原因，进行堵塞或清除。
猫、狗、鸟	防止进入酒店。
霉菌	检查是否有漏水、渗水，及时根除。重新粉刷被污染的墙面。

四、任务实施

表 1-18　客房消毒实训评分表

典型工作任务名称	具体任务及分值	操作标准及要求	学员评分	教师评分
清洁消毒	客房消毒前的准备工作（10分）	仪容仪表符合客房服务员职业要求，仪态端庄。		
		手部干净并消毒，戴好橡胶手套。		
		备齐客房消毒所需的清洁工具和清洁剂。		
	房间消毒（30分）	房内通风好，空气质量清新，无异味。		
		设施设备干净、整洁、无污迹，物品摆放符合酒店规定。		
		消毒流程完整，操作无误。消毒全面，无遗漏。		
	卫生间消毒（30分）	卫生间清洁质量好，干净、无异味、无毛发、无污迹。		
		清洁工具和消毒剂选择恰当、配比达标。		
		消毒程序符合标准，消毒全面，冲洗彻底，无消毒剂残留。		
	杯具消毒（10分）	杯具无残渣、无污渍、无水迹。		
		消毒程序符合标准，冲洗彻底，无消毒剂残留。		
		保洁柜、消毒柜、消毒间干净整洁。		
	电话机消毒（10分）	消毒程序符合标准，消毒全面，无遗漏。		
		电话机摆放整齐，符合规定。		
	整体效果（10分）	设施设备及用品干净整洁，消毒程序符合"一冲、二洗、三消毒、四冲洗、五保洁"的要求。		
		按正确的步骤和标准操作，整个过程做到"三轻"，动作熟练、规范。		

五、巩固拓展

（一）课后练习

各小组学员根据客房消毒实训评分表，分别开展房间、卫生间、杯具、电话机消毒实训。要求按评分表中列举的项目，严格按标准操作。

（二）知识拓展

绝对干净！

很多酒店为了提高客房质量及品质，改善宾客体验度，提高品牌的核心竞争力，要求酒店客房卫生达到"绝对干净"。"绝对干净"的检查标准分为基础项、核心项、提高项。要求核心项必须全部达标，基础项和提高项不达标者不能超过三项。

表 1-19　客房"绝对干净"检查标准项目表

等　级	达标项目	检查类别	门店达标要求
核心项	布草	检测	1.毛巾检测指标 4 项：pH 值、白度、吸水性及异味。标准：pH 值 6.0~8.5，吸水性 ≤ 20（单位 s），白度 > 70，无异味。 2.床单检测指标三项：pH 值、白度及异味。标准：pH 值 6.0~8.5，白度 > 70，无异味。
		洗涤商选择	1.证照齐全：营业执照（年检章齐全）、税务登记证、组织机构代码证。 2.洗涤厂的要求： （1）洗涤设备保养良好，干净，无故障。 （2）一年 365 天，每天 24 小时不间断蒸汽供应（必须有备用方案）。 （3）不低于 1 500m² 标准化厂房，厂房通风透光，必须干湿分离，脏污分离。墙地面和货架干净整洁，无明显破损。 （4）品牌合格的化料产品。
		浴巾、面巾、地巾卫生	颜色洁白，不发灰、发黑，无污渍，无毛发，无异味。
		浴巾、面巾、地巾质量	无毛边，无破损。
		床单、枕套、被套	无破损，颜色洁白，无污渍，表面无毛发。
	清洁剂	配备品牌清洁剂	四合一全能清洁剂。
	洁具及配件	客房卫生间	各大洁具无污迹、无毛发、无水迹、无异味。

续表

等级	达标项目	检查类别	门店达标要求
核心项	杯具消毒（二选一）	便携式消毒柜配备标准	1.紫外线消毒柜； 2.配备擦拭口布； 3.海绵长柄刷。
		消毒间消毒配备标准	1.红外线消毒柜； 2.配备擦拭口布及覆盖口布； 3.杯刷； 4.84消毒液； 5.消毒桶； 6.保洁柜。
基础项	布草	床护垫	无破损，颜色洁白，无污渍，表面无毛发。
		枕芯、被芯	无破损，无污渍，表面无毛发。
	抹布	配备标准	1.绿—家具、卫生间台面；黄—恭桶；蓝—客房墙面、卫生间墙面、地面；棕—镜子、玻璃、电视机屏幕、五金件。严禁使用白色抹布做卫生清洁。 2.蓝色抹布必须是大尺寸规格(60 cm×120 cm以上)。
		配备数量	四色抹布按每辆工作车1套配备（必须一用一晾一备）。
		存放	四色抹布放入专用抹布篮中，黄色恭桶抹布不能与其他抹布混放。
		消毒	1.所有抹布每天下班前洗净、消毒、晾干，以备第二天使用。 2.按1：100比例配备84消毒液用于抹布消毒。
	清洁工具	配备标准	按酒店规定的标准进行配备： 1.地板刷1个，魔力擦1块； 2.恭桶刷1个，面池刷1个； 3.涂水器/玻璃刮各1个； 4.长柄海绵刷； 5.四合一清洁剂喷壶1个； 6.酒精棉瓶1只（内装医用酒精棉球）； 7.毛巾拖把1把、扫帚/簸箕各1个； 8.鸡毛掸1个； 9.清洁篮； 10.百洁布； 11.封箱带。

等　级	达标项目	检查类别	门店达标要求
基础项	地面	房间、卫生间	1.地面整洁干净，无垃圾、无毛发、无污迹、无灰尘、无虫害。 2.地砖、防滑垫及地漏表面无垃圾、无毛发、无污迹、无水迹、无虫害。 3.硅胶/塑钢泥无发霉、发黑。
	洁具及配件	卫生间	1.洗脸盆台面、面池及活塞部位无污迹、无毛发、无水迹、无异味。 2.水龙头、淋浴软管、花洒设施、晾衣架、三角架、卷纸架、毛巾架光亮无污迹、无毛发、无水迹。 3.卫生间门、淋浴玻璃门、浴帘、卷帘、铰链无水迹、无污迹。 4.卫生间垃圾桶无破损，干净，无剩余垃圾。
提高项	墙面和顶面	房间	1.墙面、墙纸无灰尘、无污迹、无蜘蛛网。 2.无渗水、发霉。
		卫生间	1.墙面无污迹、无蜘蛛网、无发霉现象，墙砖勾缝颜色均匀，无空鼓、松动。 2.吊顶无污迹、无蜘蛛网、无发霉。
	门窗和配件	客房窗	1.窗外侧无黑色积灰。 2.窗内侧无灰尘。 3.窗玻璃及配件表面无明显污迹、无灰尘、无粘体残留物。
		客房门	1.整体无发黄或腐烂。 2.门及附件干净，无灰尘、无污迹。
		卫生间	1.门框无污迹，无灰尘，无明显水渍印。 2.门窗玻璃及配件表面无污迹、无灰尘、无手印、无粘体残留物。

项目二
对客服务与管理

典型工作任务一　VIP 客人服务

一、任务描述

2022 年冬奥会前夕，某市 M 酒店接到了一位 VIP 客人的接待任务。然而，作为新手的客房服务员小赵发现，这位客人的房间在他所服务的楼层，但上级却特意安排了另外一位资深的服务员来服务这位 VIP 客人。请问：如何做好 VIP 客人服务？

学习目标
1. 掌握优质服务的标准。
2. 熟悉对客服务质量标准。
3. 理解员工的职业道德要求。
4. 掌握 VIP 客人接待服务程序。
5. 熟悉政务类客人接待程序。
6. 熟悉对客服务常用语。

二、任务准备

作为客房服务员的小赵，应明白服务是饭店客房重要的产品之一，服务质量是饭店的生命线，为客人提供优质服务是饭店始终保持自身发展活力，适应更加激烈的市场竞争的重要因素。

（一）优质服务的标准

1. 注重礼节、礼貌

礼节、礼貌是酒店从业人员通过一定的语言、行为举止等向客人表示的欢迎、尊重、热情和感谢。注重礼节、礼貌是酒店服务工作最基本的要求之一，体现了酒店对宾客的基本态度，也反映了酒店从业人员的文化修养和素质。

礼仪、礼貌表现在外表上，就是要服饰整洁，讲究仪表仪容，表情自然，在外表形象上要给人以庄重、大方、美观、和谐的感受，其中发自内心的真诚微笑是赢得客人好感的法宝，在接待服务过程中，要注意恰当使用微笑。在语言上要讲究艺术，谈吐文雅，谦虚委婉，注意语气语调，应对自然。在行动上要举止文明，彬彬有礼，动作要轻，站、坐、行姿势规范，大方得体。

2. 良好的服务态度

服务态度是指服务人员在对服务工作认识和理解的基础上对顾客的情感和行为倾向。良好的服务态度会使客人产生亲切感、热情感、真诚感。保持良好的服务态度，首先要求服务员自身应敬业乐业，即尊重自己的职业，热爱自己的岗位，因为爱岗敬业是提供优质服务的基础。其次服务员对客人的态度应做到不卑不亢、真诚自然，力戒矫揉造作。具体来说，应做到认真负责、积极主动、热情耐心等。在服务工作中应杜绝推托、敷衍、搪塞、厌烦、冷漠、轻蔑、傲慢、无所谓的态度。

3. 专业高效的服务

客人在酒店内的需求涉及食、住、行、购和娱乐等许多方面，且这些活动总是在快节奏中进行的，因此，对客服务应做到又好又快，即提供精准专业的服务，动作快速准确，做到高效率服务，满足客人的合理需求。

（二）对客服务质量标准

饭店服务质量是指饭店满足客人需求的能力和程度。因此，饭店服务质量的优劣最终取决于客人的感受和评价。对客服务质量的标准可以概括为以下三个方面。

1. 亲切感

客人到了饭店，处处能见到服务员发自内心的微笑和听到富于情感的问候，让客人的要求尽快得到满足，以及设施设备的方便，这些都会让客人感受到家庭般的亲切、温暖和人情味，这就是"亲切感"。

2. 舒适感

客人进入饭店前，往往经过了长时间的舟车劳顿，到达酒店时是比较疲惫的。此时，饭店向客人提供快而准的服务，尽快解决吃住问题，让客人感到的是房间温度适宜、氛围典雅的休闲放松，听到的是温馨悦耳的礼貌问候、背景音乐，尝到的是美味可口的菜肴和饮品等，这些自然会让客人有舒适的感觉。

3. 安全感

客人希望在酒店能确保人身安全、财物安全和食品卫生安全以及保障其在酒店的隐私权。因此，酒店应该有完备的防火、防盗设施，严格的安保措施及卫生检查制度和标准，注重保护客人隐私。这些能让客人感到安心和放心，产生安全感。

（三）客房部员工的职业道德规范

职业道德是指从事一定职业的人，在从事职业活动的整个过程中必须遵守的行为规范和行为准则。职业道德是职业生活的指南，也是员工基本素质的重要组成部分，遵守职业道德是员工做好服务的基本保证。客房部员工的职业道德要求包括以下几个方面：

1. 敬业乐业

热爱本职工作，是一切职业道德最基本的原则。客房部员工应做到"干一行，爱一行"，认真履行自己的岗位职责，遵守酒店规章制度和劳动纪律，遵守员工守则，维护酒店形象和声誉。

2. 团结协作精神

酒店服务是为客人提供一种包括吃、住、行、游、购、娱等内容的综合性服务，它不是某一部门或某一个人做好就能完成的，它需要酒店所有岗位员工的共同努力和相互支持才可以完成。因此，同事、上下部门之间要加强团结协作，且相互沟通和协调，培养团队意识。

3. 钻研业务，提高技能

钻研业务，提高技能是各行各业共同的业务要求和道德规范，也是饭店从业人员做好本职工作的关键。客房部员工应具有强烈的职业责任感和崇高的职业理想，掌握正确的方法，刻苦钻研，不断进取，努力提高服务技巧和技术水平，并运用到工作实践中，提高服务质量。

4. 全心全意为客人服务

作为客房部员工，应树立"宾客至上"的服务理念，最大限度地满足客人合理的需求。主动、热情、耐心、细致地提供服务，不断提高服务效率，提升服务质量，是客房部员工应尽的职责和义务。

微课：服务
VIP 客人

三、任务探究

（一）VIP 客人的接待服务程序

VIP 是英文"Very Important Person"的简称，意为"非常重要的人"。

对 VIP 客人的接待服务是饭店给予在政治、经济以及社会各领域有一定成就、影响和号召力人士的一种荣誉。VIP 接待服务是饭店优质服务的集中体现，也代表着饭店接待服务的最高水准。

1. VIP 客人到店前的客房准备

（1）熟悉客情。通过"VIP 客人接待通知单"，了解 VIP 客人的生活习惯及特殊喜好。准确掌握客人的姓名、国籍、职业、职务、详细的日程安排、宗教信仰、生活习惯、客房种类及随行人员、接待单位、接待标准、付款方式、抵离店日期和时间以及特殊要求等。如有特殊加密的客人，要做好保密工作。

（2）布置客房。检查客人入住房间的所有设施设备，确保完好有效。全面清洁住房，保证清洁卫生，物品摆放美观实用。按照接待规格和要求布置客房，放置水果、鲜花、欢迎信、名片等。接待再次入住的客人，要提前仔细阅读客史档案，做好相应准备工作。

（3）查房。严格检查客房，确保万无一失。执行主管、经理查房制度，层层落实负责（特别重要的客人房间需酒店总经理查房）。提前一个小时进行锁房，即禁止相关工作人员进入房间。

2. VIP 客人住店期间服务

（1）VIP 客人抵达时的迎接。对于不同等级的 VIP，酒店通常会安排不同的接待规格，由不同级别的管理人员陪同进入楼层。当 VIP 抵达时，客房服务员须在电梯口迎接，礼貌地问候客人，根据情况主动热情引领客人进房，并视客人情况简要介绍客房设施设备及使用方法。

（2）客房服务员都要用姓氏或职务尊称客人，并主动问候。

（3）根据了解和服务中观察所得的客人生活习惯、爱好和工作规律，把握时机，为客人提供有针对性的服务。

（4）在提供各项服务时把 VIP 房间放在首位，务必在客人最方便时进行服务，以不打扰客人休息和正常生活起居为原则。

（5）在客人外出期间，安排清扫速度快、质量高的服务员进行小整服务，并及时更换客人用过的卫生间棉织品，并查看水果是否消费，及时反馈。

（6）提供开夜床服务，赠送礼品。

（7）VIP 客人送洗的衣服均按"快件洗衣服务"处理。

（8）配合保安做好保卫工作，发现异常情况及时汇报。不将房号告诉无关人员，对特殊身份的访客要谨慎，以确保 VIP 客人的安全。

（9）注意客人身体健康状况的变化，发现客人身体不适或生病，要立即报告上级，在生活上给予特别关照。

（10）按照 VIP 的要求随时提供服务。

3. VIP 客人离店服务

（1）前厅部在确认 VIP 客人离店时间后，应提前 1 个小时通知客房服务员。

（2）由服务员视其情况进房向客人表示问候，征询客人意见，询问有无需要帮助等事宜。

（3）通知行李员为客人提携行李。

（4）在 VIP 客人离店前，由服务员立于门口、电梯口欢送客人，为客人按下电梯按钮，客人进电梯后，祝客人一路平安并欢迎再次光临。等电梯门关闭运行至下一层后方可离开。

（5）迅速检查客房。主管在客人离房后要迅速进房仔细检查是否有遗留物品，如有及时归还客人，或做好登记并妥善保管。若有设备损坏，应通知大堂副理予以处理，除非重大损失，一般不要求赔偿，以免给客人造成不良印象。

（6）将 VIP 客人在店期间的生活习惯及个人爱好记入 VIP 客人客史档案，以备下次更好接待。

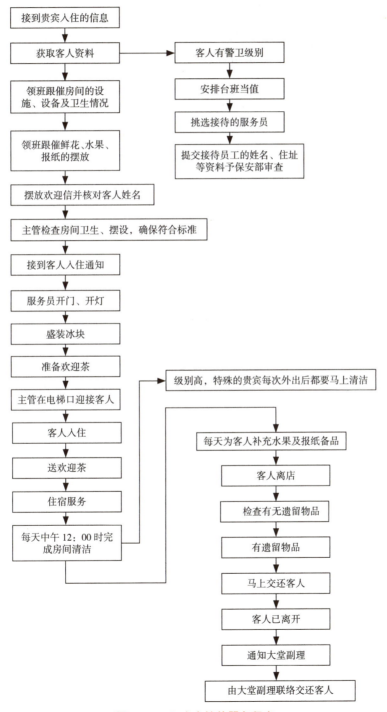

图 2-1　VIP 客人接待服务程序

（二）政务类客人接待服务

政务类客人指的是国内外各级政府官员，该类客人通常具有身份地位高、年龄较大、学识渊博、生活要求高、重视礼节规格等特点，其入住酒店多为进行检查、指导、考察、交流、来访、洽谈、参加重要会议等行政事务，日程安排紧，接待要求高。因此，接待服务应做到以下几点：

（1）安排舒适、方便、符合其规格的客房环境，提供功能齐全的配套设施。

（2）合理做好人员分工，专人负责。

（3）认真做好客人抵、离店时的迎送工作，注重礼仪礼节。

（4）增强内外部沟通。加强与政务部门的沟通协调，以及酒店内部各部门之间的协调，确保客人的要求得到满足，提供最优质的服务。

（5）尊重客人的风俗习惯和宗教信仰。

（6）不在客人面前谈论时事和政治。

（7）做好安全、保密工作。

四、任务实施

VIP 客人接待服务

VIP 客人是饭店的贵宾，客房服务员应用心做好其接待工作。分小组完成 VIP 客人到店前的准备工作、VIP 客人住店期间服务及 VIP 客人离店服务等活动，分小组模拟 VIP 客人接待服务。

表 2-1　VIP 客人接待服务实训评分表

典型工作任务名称	具体任务及分值	操作标准及要求	学员评分	教师评分
VIP 客人接待服务	VIP 客人到店前的客房准备（25分）	熟悉客情。通过"VIP 客人接待通知单"，准确掌握客人的姓名、国籍、职业、职务、详细的日程安排、宗教信仰、生活习惯、客房种类及随行人员、接待单位、接待标准、付款方式、抵离店日期和时间以及特殊要求等。		
		检查客人入住房间的所有设施设备，确保完好有效。		
		全面清洁住房，保证清洁卫生，物品摆放美观实用。		
		按照接待规格和要求布置客房，放置水果、鲜花、欢迎信、名片等。		
		查房。严格检查客房，确保万无一失。模拟主管、经理查房，之后锁房，禁止相关人员进入房间。		

续表

典型工作任务名称	具体任务及分值	操作标准及要求	学员评分	教师评分
VIP客人接待服务	VIP客人住店期间服务（40分）	VIP客人抵达时的迎接。模拟安排不同级别的管理人员陪同进入楼层。当VIP抵达时，客房服务员须在电梯口迎接，礼貌地问候客人，根据情况主动热情引领客人进房，并视客人情况简要介绍客房设施设备及使用方法。		
		客房服务员要用姓氏或职务尊称客人，并主动问候。		
		在提供各项服务时把VIP房间放在首位，务必在客人最方便时进行服务，以不打扰客人休息和正常生活起居为原则。		
		在客人外出期间，安排清扫速度快、质量高的服务员进行小整服务，并及时更换客人用过的卫生间棉织品，并查看水果是否消费，及时反馈。		
		提供开夜床服务，赠送礼品。		
		VIP客人送洗的衣服均按"快件洗衣服务"处理。		
		配合保安做好保卫工作，发现异常情况及时汇报。关注客人身体状况。		
		按照VIP的要求随时提供服务。		
	VIP客人离店服务（25分）	由服务员视其情况进房向客人表示问候，征询客人意见，询问有无需要帮助等事宜。		
		通知行李员为客人提携行李。		
		在VIP客人离店前，由服务员立于门口、电梯口欢送VIP客人，为客人按下电梯按钮，客人进电梯后，祝客人一路平安并欢迎再次光临。等电梯门关闭运行至下一层后方可离开。		
		迅速检查客房。主管在客人离房后要迅速进房仔细检查是否有遗留物品，如有及时归还客人，或做好登记并妥善保管。若有设备损坏，应通知前厅主管予以处理，除非重大损失，一般不要求赔偿，以免给客人造成不良印象。		
		将VIP客人在店期间的生活习惯及个人爱好记入VIP客人客史档案，以备下次更好接待。		
	综合印象（10分）	文明礼貌，行为规范、大方。		

五、巩固拓展

（一）课后练习

以小组为单位，按照 VIP 客人接待服务的程序练习 VIP 接待服务 5 次及以上，并拍照总结。

（二）知识拓展

1. VIP 客人等级划分

饭店的 VIP 客人一般分为 A、B、C 三个等级。

A 等级：党和国家领导人，外国总统、元首、首相、总理、议长等。

B 等级：我国及外国的部长，各省、自治区、直辖市负责官员，世界著名大公司的董事长或总经理。

C 等级：各地、市的主要党政官员；各省、自治区、直辖市旅游部门的负责官员；国内外文化艺术、新闻、体育等界的负责人员或著名人士；国内外著名公司、企业的董事长或总经理；与饭店有重要协作关系的企业总经理；各地星级饭店的总经理；饭店总经理要求按 VIP 规格接待的客人。

2. 客房常用对客服务用语

客房服务过程中不免要和客人正面接触，此时要有礼貌地对待客人，同时体现自己的职业素养。这里提供一些常见的客房对客服务用语。

（1）陌生客人要求开房间时："请出示一下您的房卡和欢迎卡好吗？"

（2）如有来访客人找住店客人时，如客人在房间，应电话通知住店客人："先生 / 女士，您好！大厅内有 ×× 先生 / 女士来访，您方便会客吗？"如客人同意，应询问："需要为您上访客茶吗？"如客人不在应讲："对不起，×× 不在，有什么事我可以转达吗？"若客人不见，应对访客讲："对不起，×× 先生 / 女士现在不方便会客。"

（3）访客在大厅就座后，上茶时应讲："先生 / 女士，请用茶。"

（4）派送客衣时应事先电话询问客人："先生 / 女士，您好，您的衣服已洗好了，可以给您送到房间吗？"

（5）上欢迎茶和免费水果时，应讲："您好！先生 / 女士，给您上欢迎茶和免费水果。"

（6）给客人加婴儿床时应说："先生 / 女士，您看婴儿床放在哪里合适？"

（7）如房间小整过程中客人回来，应致歉："您好！先生 / 女士，我们正在为您打扫房间，现在可以继续清理吗？"为客人做好房间后，应讲："如有什么需要，请拨打前台电话与我们联系。"

（8）如客人的物品寄存在前台，应提醒客人："先生 / 女士，前台有您寄存的物品。"

（9）转送外部门送给客人的物品应提前与客人联系："先生 / 女士，** 部门送您

的 ** 现在方便给您送到房间去吗？"

（10）客人要的物品酒店没有，应向客人道歉："对不起，先生／女士，您要的东西我们正在帮您联系，联系到后马上给您送到房间。"

（11）访客要求进入保密房，出于对住客负责应讲："对不起，您说的客人不住在我们酒店。"

（12）收取客人洗衣时："您好，请问需要清洗什么衣物？""请问干洗还是湿洗，有特殊要求吗？"

（13）当发现客人在楼道内找房间："您好，请问您找哪个房间？""×× 房在这边，您这边走。"

（14）当有特殊情况需用客人房间的电话时，应先征求客人的意见："对不起，先生／女士，我可以用一下您的电话吗？"

（15）当不知如何回答客人的问题时，应讲："对不起，先生／女士，请稍等，我给您问一下，稍后给您答复。"

（16）若客人房间显示"DND"，客人不在，未给客人清理房间，在客人回来后，应对客人讲："对不起，先生／女士，您的房间一直显示'DND'，我们没给您打扫房间，您看什么时间给您打扫？"

（17）若客人房间显示"DND"，在 14：00 后打电话询问客人："×× 先生／女士，您好！打扰了，我是客房服务员，请问您需要什么时间打扫房间？"

（18）如遇到客人投诉，自己解决不了的，应对客人讲："对不起，请稍等，我马上给您请示。"

（19）做清洁时，按门铃后，客人开门，服务员应讲："您好，请问可以给您打扫房间吗？"

（20）访客来访，应对访客讲："请问您找哪个房间的客人"，再问："请问 ×× 房间客人怎么称呼？"若访客说得对，应讲："请稍等，我帮您联系。"

典型工作任务二　洗衣服务与管理

一、任务描述

洗衣服务

场景：客房楼层。

角色：客房楼层张领班、客房服务员小赵。

情景：客房服务中心电话通知客房服务员到808房间收取客衣，张领班便带上小赵一起过去学习。

张领班："小赵，808房间的客人需要洗衣服务，我带你过去，学习下洗衣服务的相关知识。"

小赵："好的。"

任务：请以小赵的身份学习如何提供洗衣服务。

学习目标

1. 了解洗衣服务的种类。

2. 了解洗衣房设备管理及客衣洗涤流程。

3. 掌握洗衣服务的程序及标准。

4. 熟悉洗衣服务的注意事项。

5. 能正确处理客衣纠纷。

6. 掌握擦鞋服务程序。

7. 熟悉擦鞋服务的注意事项。

二、任务准备

提供洗衣服务和擦鞋服务可以给客人提供便利，使客人感受到细致、周到的服务，提高客人的满意度。其中，洗衣服务更容易引起纠纷，因此客房部要注重提供优质的洗衣服务和擦鞋服务。

（一）洗衣服务的种类

洗衣服务按分类方式的不同，分为不同的类型。

1. 按洗涤方式的不同，分为干洗、湿洗及熨烫三种

干洗主要针对皮革、毛料衣服、真丝、麻织类等衣服。湿洗则适用于化纤等衣物。熨烫则只需要将衣物熨烫平整，不用洗涤。通常设有洗衣房的饭店，熨烫时限为两个小时。

2.按洗涤速度的不同，分为普通服务和快洗服务

普通服务一般为当日服务，即中午 12 点前收取，当日 18 点前送回。中午 12 点以后收取的衣物，第二天 14 点前送回。

快洗服务指根据客人需求提供的计时洗涤服务，通常需加收服务费。根据行业规范，快洗服务的时间为 4 个小时。

（二）洗衣房设备管理

饭店洗衣房设备有水洗机、烘干机、干洗机、烫平机等专业洗涤护理设备，作为客房服务员，要熟悉洗衣房设备的性能及清洁、维护保养方法，以便更好地进行洗衣服务。

洗衣房设备管理注意事项：

（1）机器内外凡可清扫的部位应与表面一样无灰尘、无油污、无杂物。

（2）电器部位只清扫表面，不可动内部，以防发生危险。

（3）清洁机器的管道和网罩、过滤网等。

（4）定期检查更换附属件，如垫布、发热管、发热阀、传送带、干洗油等，及时报告主管并更换。

（5）掌握各种设施设备的使用方法，规范操作，注意设备安全检查和员工自身安全检查。

（6）设备清洁维护由洗衣房员工完成，主管不定期抽查。

三、任务探究

（一）洗衣服务

1.洗衣服务的程序及标准

对客人来说，洗衣服务是他们非常重视的一项服务。因此，掌握正确的洗衣程序，提供优质的洗衣服务对提高客人的满意度有着重要意义。

（1）接收信息

一般来说，洗衣服务可以通过以下几种方式接收信息：

①客人致电客房服务中心或楼层服务台要求洗衣服。

②客房服务员打扫房间时发现有需要送洗的衣物。

③客人将要洗的衣物和填好的洗衣单挂在门上。

（2）收集客衣

在接到客人的洗衣要求后，服务员应及时前往客房收取客衣。

收集到客衣后，客房服务员应核对洗衣单，检查房间号码、客人姓名、日期、特殊要求、物品数量等相关信息是否与清单一致。

检查客衣口袋是否有遗留物品。

检查是否破损或有无严重污渍。

检查客人要求的处理方式。如果客人要求的处理方式不合理，则应向客人说明。

检查客衣是否有特殊要求。

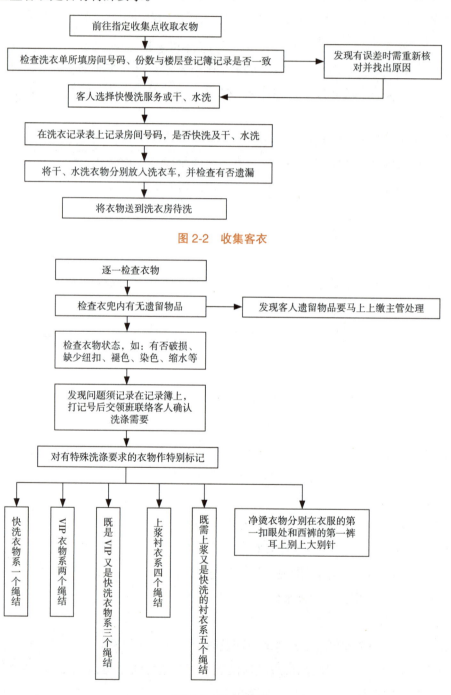

图 2-2　收集客衣

图 2-3　检查客衣

（3）交接客衣

客房服务员将所收集到的客衣信息记录在客衣收取记录表上。

将收取到的客衣集中放于指定地点，于规定时间内交至洗衣房或由客房服务中心通知洗衣房来收取。

（4）送返客衣

客衣洗好后，洗衣房客衣服务员将衣服直接送回客人房间。或交给客房服务员，由客房服务员核收后交给客人，请客人检查签收。

送返衣物时，检查送回的衣物与洗衣单是否吻合。

按照房间号，设计好路线，尽快将衣物送回房间。

送返衣物时，按进房程序进房。客人在房，当面请客人查收。客人不在，将衣物挂在衣柜内，不能挂的平放在房间里较为显眼的地方。

如遇"请勿打扰"房，应先放通知卡进房间，等客人通知或等客人将"请勿打扰"取消后再送入房间。

2. 洗衣服务的注意事项

（1）普通服务和快洗服务费用通常相差 50%，须向客人说明。

（2）凡是客人交洗的衣服或服务员从房间收洗的衣物，如果客人没有填写洗衣单，则不能收洗。可将洗衣单放在洗衣袋上，并留下留言单，提醒客人如果需要洗衣服务，请与客房服务中心联系。

（3）凡是放在沙发上、床上，未经客人允许、未放在洗衣袋内的衣物不能收取。

（4）不能将客衣乱放，不要将洗衣袋放在地上拖着走，要爱护客人的衣服，对于需熨烫的高级时装，应用衣架挂好。

（5）未能送还的客衣，要说明原因并做好交接。

3. 客衣纠纷的处理

客人对洗衣服务较为重视，对客服务中，洗衣服务容易引起投诉。因此，分析客衣纠纷的原因并针对性地处理尤为重要。

引起客衣纠纷的原因通常有：客衣丢失、衣服损坏、纽扣丢失、污渍未洗净、客衣染色褪色等。

在收到客衣纠纷的投诉时，应采取以下方法处理：

（1）积极主动聆听客人需求，态度真诚、有礼貌、有耐心。

（2）凡属客衣洗涤过程中由饭店方面的原因引起的客衣丢失、损坏、染色及熨烫质量等纠纷，主动承担责任，进行赔偿、修补、回洗、回烫等。

（3）若需赔偿，按照国际惯例，赔偿费最高不超过洗衣费的 15 倍，具体数额双方协商解决。

（4）凡属客人自身原因引起的客衣纠纷，饭店不负赔偿责任，但应耐心解释。整个处理过程中，应做到尊重事实、原因明确、友好协商、处理得当，使客人满意。

（5）记录问题，吸取教训，确保以后不会发生类似事情。

案例分析

客人洗衣确认

8月19日在交接班的时候，中班服务员小卫认真地看了交班本上没有跟进事项。早班刚下班不久，小卫在602房间看到一袋洗衣，心里想：这可能是客人明天要洗的衣服吧，现在才下午4：50，客人怎么会这么早就换了衣服要洗呢？因此这其中一定有问题，就查看了早班服务员的工作记录表，从记录上得知，早班服务员早上8点多进过602房间，并按要求进行早班必做的工作。那么这袋洗衣就有三种情况：一是客人8点至10点留下要洗的衣服就出去了；二是客人中午留下加急洗衣就出去了；三是客人下午回来后留下加急洗衣出去了。这三种情况有不同的处理方法，于是小卫就将情况报告给了领班，领班说等客人回来了，问清楚是否加急洗还是明天再洗。于是，服务员只有等客人回来，但一直到晚上11：00也不见客人回来。领班也没有下一步处理指示，服务员就理所当然地认为客人没有打算今天要洗衣服，把衣服送回了房间，下班后也没有跟夜班交待跟进此事。当晚12点，602的客人回来了，看到自己的衣服还在房间，就向大堂副理投诉："我早上换下的衣服没有被拿去洗也就算了，可你们的员工还把我的衣服从这个角落移到那个角落，太过分了。"

请问：本案例中客人为什么投诉？如何做好洗衣服务？

（二）擦鞋服务

当客人提出擦鞋的需求后，客房部员工应尽快、高效地完成免费的擦鞋服务。因此，客房部服务员需熟知饭店的擦鞋服务程序。

1.擦鞋服务程序

（1）收取鞋子

客人打电话到客房服务中心要求擦鞋，客房服务中心文员问清房号和要求，做记录，然后通知服务员及时赶到客人房间收取鞋子。

客房服务员在做房间清洁时，看到鞋篮内放有鞋子，及时将其取出。

（2）鞋子编号

收取鞋子时，在鞋篮上贴上房号，防止送还时出现差错。

（3）擦拭鞋子

将收出的鞋子放在工作间为客人擦拭。

用刷子擦去鞋子表面的浮尘。

根据鞋子的质地、颜色选用合适的鞋油，仔细擦拭、抛光。

（4）送回鞋子

将擦好的鞋子放入鞋篮内，送回房间。

按客人的要求将鞋子放入衣柜内或行李架旁，或客人指定的地方。

2.擦鞋服务的注意事项

（1）客人的鞋子如有破损，应先告知客人再作清洁。

（2）客房服务员应在工作间擦拭鞋子，不要在房间内完成擦鞋服务，特别是不要在客人面前完成擦鞋服务。

（3）客房服务员擦鞋时，如果无法确认鞋的质地，必须立即联系主管确定后再清洁。

（4）擦拭鞋子时要选用合适的鞋油，尽量是同色鞋油，如果无法选到合适的鞋油，可用无色鞋油。

（5）擦鞋服务应注重效率，收到客人擦鞋请求时应尽快取回，并在30分钟内将鞋子送回。

表2-2　擦鞋服务登记表

日　期	房　号	宾客姓名	鞋　款	质　地	颜　色	擦鞋起始时间	擦鞋人	备　注

四、任务实施

实训任务一

洗衣服务

客房部员工对客人欲送洗的衣物，应及时提供洗衣服务，完成接收信息、收集客衣、交接客衣、送返客衣四个步骤。分小组按工作程序及标准完成洗衣服务。

表2-3　洗衣服务实训评分表

典型工作任务名称	具体任务及分值	操作标准及要求	学员评分	教师评分
洗衣服务与管理	接收信息（10分）	接收到客人的洗衣要求后，迅速前往。		

续表

典型工作任务名称	具体任务及分值	操作标准及要求	学员评分	教师评分
洗衣服务与管理	收集客衣（30分）	核对洗衣单，检查房间号码、客人姓名、日期、特殊要求、物品数量等相关信息是否与清单一致。		
		检查客衣口袋是否有遗留物品。		
		检查是否破损或有无严重污渍。		
		检查客人要求的处理方式。如果客人要求的处理方式不合理，则应向客人说明。		
		检查客衣是否有特殊要求。		
		与客人确认洗衣费用。		
	交接客衣（20分）	将所收集到的客衣信息记录在客衣收取记录表上。		
		将收取到的客衣集中放于指定地点，于规定时间内交洗衣房。		
		爱护客人衣服，放于指定地点的过程中行为规范。		
	送返客衣（30分）	与洗衣收发员交接客衣。		
		检查送回的衣物与洗衣单是否吻合。		
		按照房间号设计好路线，尽快将衣物送回房间。		
		客人在房，当面请客人查收。		
		客人不在，将衣物挂在衣柜内，不能挂的平放在房间里较为显眼的地方。		
		"请勿打扰"房，应先放通知卡进房间，等客人通知或等客人将"请勿打扰"取消后再送入房间。		
	综合印象（10分）	文明礼貌，行为规范、大方。		

实训任务二

擦鞋服务

分别完成收取鞋子、鞋子编号、擦拭鞋子、送回鞋子四个步骤，分小组完成客房擦鞋服务。

表2-4 擦鞋服务实训评分表

典型工作任务名称	具体任务及分值	操作标准及要求	学员评分	教师评分
擦鞋服务	收取鞋子（25分）	客人打电话到客房服务中心要求擦鞋，客房服务中心文员问清房号和要求，并做记录，然后通知服务员及时赶到客人房间收取鞋子。		
		客房服务员在做房间清洁时，看到鞋篮内放有鞋子，及时将其取出。		
	鞋子编号（15分）	收取鞋子时，在鞋篮上贴上房号，防止送还时出现差错。		
	擦拭鞋子（30分）	将收出的鞋子放在工作间为客人擦拭。		
		用刷子擦去鞋子表面的浮尘。		
		根据鞋子的质地、颜色选用合适的鞋油，仔细擦拭、抛光。		
	送回鞋子（20分）	将擦好的鞋子放入鞋篮内，送回房间。		
		按客人的要求将鞋子放入衣柜内或行李架旁，或客人指定的地方。		
	综合印象（10分）	文明礼貌，行为规范、大方，动作熟练。		

五、巩固拓展

（一）课后练习

以小组为单位，按照洗衣和擦鞋服务的程序和标准分别练习洗衣和擦鞋服务各5次及以上，并拍照总结。

（二）知识拓展

"请勿打扰"房的洗衣处理

1. 检查和执行

（1）客房服务员发现房门上挂有"请勿打扰"的牌子时，不要敲门或按门铃。

（2）填写"请勿打扰"服务卡，将服务卡夹在门把手上方或门下门缝之间。

2. 追踪跟进

（1）将当天不能送还的客衣信息填写在客衣交接本上。

（2）将"请勿打扰"房的客衣暂时留存在洗衣房内。

3. 交接记录

（1）客人的衣服和洗衣单应退回并存放在洗衣房内。

（2）将交接记录交给客房部，下午值班楼层主管跟进。

（3）下午值班楼层主管应注意当天"请勿打扰"房间标志是否被取消，发现取消时，立即与客人联系，并将衣物交还客人。。

（4）如果房间一直是"请勿打扰"，直到下午班结束，楼层主管将移交给夜班公共区域主管跟进。

（5）把客人的衣服留到第二天。

（6）第二天早上，洗衣房客衣服务员必须从客房部领取交接记录，并检查前一天晚上归还客人衣物的记录。

（7）如果没有归还，再次检查房间状态。

（8）重复上述步骤，直到将衣物送回客人。

典型工作任务三　租借服务与管理

一、任务描述

某天，客房服务员小赵正在清扫走客房，有位女性客人过来寻求帮助，原来该客人忘记带卷发棒，问饭店是否有电动卷发棒可借用。请问：如何进行物品租借服务？

学习目标
1. 掌握物品租借服务程序。
2. 熟悉物品租借注意事项。
3. 熟悉物品报修服务程序。
4. 熟悉物品报修注意事项。
5. 能正确进行物品租借服务。
6. 能正确进行物品报修服务。

二、任务准备

饭店服务质量的好坏，评分因素之一就是饭店的设施设备是否舒适、便利、状态良好，它们决定了客人的居住体验感。因此，饭店除了标准的客房设备，提供给客人最基本的住宿条件以外，客房部还需购置一定数量的常用物品以满足各种客人的需求，即提供物品租借服务，以增加客人的便利性。这些物品一般为衣架、剪刀、指甲刀、开瓶器、电熨斗、烫衣板、插头、变压器、充电器、针线包、吹风机、电水壶、加湿器、除湿机、剃须刀、烫发卷、各种类型的枕头、电褥子、羽绒被、电暖器、婴儿床、加床、轮椅、传真机、玩具等。这些物品的配备种类及数量往往根据饭店的档次及服务水准而定，除此之外还要视饭店的规模和经验，常用的物品应多配备一些。

另外，饭店应确保对客服务设施设备处于正常状态。为此，工程部应定期和不定期对设施设备进行检查和维护，客房部也应在做好清洁工作的同时检查设施设备，如发现问题，及时进行物品报修。

三、任务探究

（一）租借服务

1. 租借服务程序与标准

（1）接受客人请求

①确认出借物品清单内是否有客人要求的借用物品；

②根据库存数量回应客人要求；

③如果没有客人所需的借用物品，应礼貌地解释；

④在客借物品登记本上记录客人借用物品的名称、数量、房号及退房日期。

（2）准备借用物品

①确保物品处于良好的状态；

②准备并填写物品借用单；

③通知相关楼层服务员及时送达客房或客人指定的饭店内其他区域。

（3）借出物品

①请客人在物品借用单上签名确认收到物品；

②如客人不在房间，无法让客人填写物品借用单，可以将该单据放在物品上，以便提醒客人填写。

（4）回收物品

①客房服务中心文员每天核实借用物品的房间是否为当天要离店的房间；

②通知相关楼层服务员当天要离店房间所借用物品的名称和数量；

③服务员清洁已退房间时撤出所借用物品；

④撤出后的客借物品送还客房服务中心。

表2-5　物品借用单

姓名：		房号：	
签名：			
借用物品：			数量：
借用日期：	当值服务员：		发放人：
归还日期：	当值服务员：		接收人：
备注：免费使用，如有损失，住客需照价赔偿，谢谢合作！			

2.租借服务注意事项

（1）在接到客人借物请求后，服务员应尽快将客人所需物品送至房间。

（2）如客人要求归还借用物品，客房服务中心应马上通知服务员去房间收取。

（3）所有借物借出去后，均需在租借物品登记表上登记。

（4）每天中班都需跟进当天退房的借物是否均已经归还，如未归还的，则跟进查找原因。

（5）定期清洁保养，保证借物的干净和正常使用。

（6）每个月末客房服务中心应对所有的客用品进行盘点，对客赔、损坏部分进行补充，保证运作的需要。

案例分析

坏掉的雨伞

某日，酒店内 1609 住客因下大雨需要外出到前台借雨伞，前台员工核实顾客基本信息填写好租借单后随手拿了一把雨伞递给客人，告诉了客人离店时需归还雨伞，客人便离开了酒店。

第二日，1609 客人来退房，前台查看到客人昨日借的雨伞并没有归还并提醒客人，客人说："在房间里，忘记拿下来了。"前台立即联系客房中心查房并确认雨伞是否在房间内，客房服务员也很快报告"在房间"，前台就快速为客人办理好了退房手续让客人离店。

半小时后客房中心将雨伞送至前台，前台打开雨伞发现伞骨损坏无法修复。前台立即通过借用单上面登记的电话联系到客人，且用较生硬的语气告知雨伞损坏并要求客人赔偿 50 元钱，客人接到电话非常气愤："凭什么说是我损坏的，昨天你们借给我时我出门撑开就是坏的，我还在想怎么你们这么高档的一个酒店借一把坏的雨伞给我。"并挂断电话不愿意多说。前台将此事告知大堂副理，大堂副理询问客房部借雨伞的员工："当时把雨伞给客人时是否有提醒顾客打开检查"，得知客房部员工并没有提醒顾客就让顾客拿走，随后大堂副理调取了监控录像，发现客人确实刚出门打开雨伞就有很大一块凹陷，原来是酒店误会了客人。随即立即电话联系客人："您好女士，我是酒店大堂副理，首先非常抱歉，雨伞损坏是因为我们没调查清楚，误会了您，为了表示歉意特意向上级申请了酒店入住 6 折券，希望您还能继续选择我们酒店。"客人欣然接受。

问题：该案例中，客人为什么拒绝赔偿损坏的雨伞？物品租借需要注意哪些事项？

（二）物品报修服务

1. 物品报修服务程序

（1）接受维修信息

客房服务中心接听电话，仔细聆听客人或服务员的报修电话，并在记录本上对报告的时间和日期、客房 / 位置、维修的种类作详尽的记录。

客房服务中心文员向客人致歉，并对客人进行安抚。

马上通知服务员或领班去房间查看。

（2）填写维修申请单

将信息填入维修单，标明部门、维修单填写时间、报修人姓名，报送工程部。同时在客房服务中心记录本上登记通知时间和接电话员工的姓名。

（3）落实维修

工程维护员及时到现场维修。若客人在房内，应征得客人同意后进入房间维修。如维修人员维修客房设备的时间较短，客房服务员应在房间等候。

遇到紧急维修时，如住客房维修，停水、停电、水管爆裂、漏电、坐便器堵塞等情况，客房服务中心应立即通知工程部，尤其安排人员尽快进行维修，事后客房服务中心补填工程维修单。

如遇材料原因或工程量较大而不能完成当日维修，应由维修人员上报工程部经理，由工程部经理决定是否改为维修房。

（4）验收和清洁

维修完成后，客房服务员应当场验收维修完成与否以及效果如何，验收完毕后，须在《工程维修记录本》上签字确认，并视情况及时清洁客房，使客房恢复良好状态。注意房内物品的布置，清扫时不能弄坏客人的东西，如果移动客人物品，清洁后恢复原状。

如果经过维修后仍未能解决问题或维修工作需时过长，客房服务中心应马上通知主管并致电大堂副理，请大堂副理作处理，为客人作出转房的安排等。

（5）跟踪反馈

客房服务中心接到维修单反馈后，安排相应负责人复查，跟踪维修情况，及时反馈。

2. 物品报修注意事项

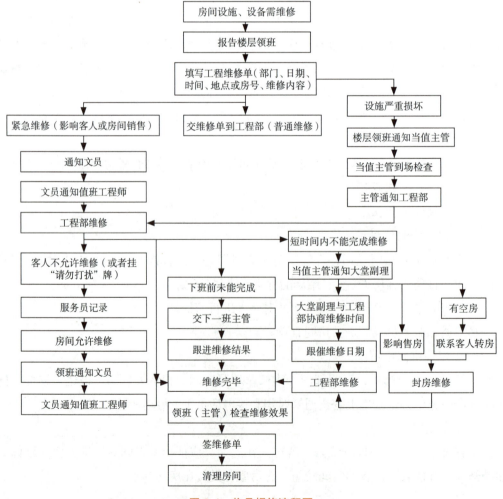

图 2-4　物品报修流程图

（1）工程人员进住客房维修，须征得客人同意。如客人不在，可进房维修，时间较短，由服务员陪同；时间较长，服务员可不在房间，但需记录维修人员姓名及维修时间。

（2）对住客房维修时，注意不能弄坏客人的物品，移动客人的物品后要恢复原状。

（3）空房维修需通知前台及时修改房态。

四、任务实施

任务实训一

租借服务

客房部员工对客人欲租借的物品，应及时按接受客人请求、准备借用物品、借出物品、回收物品四个步骤提供租借服务。分小组按工作程序及标准完成租借服务。

表 2-6　租借服务实训评分表

典型工作任务名称	具体任务及分值	操作标准及要求	学员评分	教师评分
租借服务与管理	接受客人请求（25分）	确认出借物品清单内是否有客人要求的借用物品； 根据库存数量回应客人要求； 如果没有客人所需的借用物品，应礼貌地解释； 在客借物品登记本上记录客人借用的物品、数量、房号及退房日期。		
	准备借用物品（20分）	确保物品处于良好的工作状态和清洁； 准备并填写物品借用单； 通知相关楼层服务员及时送达客房或客人指定的饭店内其他区域。		
	借出物品（20分）	请客人在物品借用单上签名确认收到物品； 如客人不在房间，无法让客人填写物品借用单，可以将该单据放在物品上，以便提醒客人填写。		
	回收物品（30分）	客房服务中心文员每天核实借用物品的房间是否为当天要离店的房间； 通知相关楼层服务员当天要离店房间所借用物品的名称和数量； 服务员清洁已退房间时撤出所借用物品； 撤出后的客借物品送还客房服务中心。		
	综合印象（5分）	举止规范、大方，动作熟练。		

任务实训二

物品报修服务

客房部服务员在进行物品报修时，应落实接受维修信息、填写维修申请单、落实维修、验收清洁、跟踪反馈五个步骤。分小组按工作程序及标准完成物品报修服务。

表2-7　物品报修服务实训评分表

典型工作任务名称	具体任务及分值	操作标准及要求	学员评分	教师评分
物品报修服务	接受维修信息（15分）	客房服务中心接听电话，仔细聆听客人或服务员的报修电话，并在记录本上对报告的时间和日期、客房/位置、维修的种类作详尽的记录。 客房服务中心文员向客人致歉，并对客人进行安抚。 马上通知服务员或领班去房间查看。		
	填写维修申请单（20分）	将信息填入维修单，标明部门、维修单填写时间、报修人姓名，报送工程部。同时在客房服务中心记录本上登记通知时间和接电话员工的姓名。		
	落实维修（30分）	工程维护员及时到现场维修。若客人在房内，应征得客人同意后进入房间维修。如维修人员维修客房设备的时间较短，客房服务员应在房间等候。 遇到紧急维修时，如住客房维修、停水、停电、水管爆裂、漏电、坐便器堵塞等情况，客房服务中心应立即通知工程部，尤其安排人员尽快进行维修，事后客房服务中心补填工程维修单。 如遇材料原因或工程量较大而不能完成当日维修，应由维修人员上报工程部经理，由工程部经理决定是否改为维修房。		
	验收清洁（20分）	维修完成后，客房服务员应当场验收维修完成与否以及效果如何，验收完毕后，须在《工程维修记录本》上签字确认。并视情况及时清洁客房，使客房恢复良好状态。 如果经过维修后仍未能解决问题或维修工作需时过长，客房服务中心应马上通知主管并致电大堂副理，请大堂副理作处理，为客人作出转房的安排等。		
	跟踪反馈（10分）	客房服务中心接到维修单反馈后，安排相应负责人复查，跟踪维修情况，及时反馈。		
	综合印象（5分）	举止规范、大方，动作熟练。		

五、巩固拓展

（一）课后练习

以小组为单位，按照物品租借服务和物品报修服务的程序和标准分别练习物品租借服务和报修服务各5次及以上，并拍照总结。

（二）知识拓展

表 2-8 维修房处理流程

主要步骤	分步骤	注意事项
沟通汇报	客房主管向运营经理说明改维修房原因。	如设施损坏、漏水、大修房等。
更改房态	运营经理核实后向店长/总经理助理汇报。 经店长/总经理助理同意后通知客房主管改维修房。	PMS系统中注明坏房原因和持续时间。
布置交接	客房主管通知客房服务员布置房间。 前台交接班时需交接该事项。	视维修情况撤出或部分撤出棉织品、客用品、摆放物品等。 为防染上涂料，维保房须用报废布草将房间内所有电器及家具全部铺盖（包括地毯等）。 及时交接，便于房态控制。 PMS显示"000"即为大修。
跟踪汇报	客房主管随时了解维修进度，监督维修质量。 当日无法完成的维修，向店长汇报原因。	对施工人员进行监督，严禁烟火。 施工人员不允许在房内进行与维修工作无关的活动（如看电视等）。
检查验收	维修完毕，客房主管当场检查验收。	不合格返工。
清洁恢复	客房服务员清洁房间，主管查房后，恢复房态。	及时恢复房态。

典型工作任务四　小酒吧服务与管理

一、任务描述

某天，M 饭店接到客人投诉，自己食用了 909 房间小酒吧内的桶装面，食用一半时发现过期，要求赔偿。投诉时负责其他楼层清洁的客房服务员小赵也在旁边，新来的他有了困惑：如何确保房间小酒吧的食品不过期？如何提供小酒吧服务？

学习目标
1. 掌握小酒吧服务程序及标准。
2. 熟悉小酒吧服务注意事项。
3. 掌握客房送餐服务流程。
4. 能正确进行小酒吧服务。
5. 能正确进行客房送餐服务。

二、任务准备

多数饭店为了方便客人，在客房内设置小酒吧，也称为迷你酒吧。小酒吧提供的物品为适量的酒类、饮料、食品及饮料杯、酒杯、调酒棒、开瓶器等饮用器具和价目单，其中茶叶、咖啡、饮用水是免费的，酒类和食品则通常是收费的。这样既方便客人，又增加饭店收入。以此为住店客人提供的服务，称为"小酒吧"服务。除此之外，为了让客人在房间内享受更丰富的美食，体现星级饭店服务管理水准，多数饭店还提供客房送餐服务。常见的房内送餐种类有早餐、便饭、病号饭、点心、小吃、夜宵等项目，其中以早餐最为常见。

三、任务探究

（一）小酒吧服务

微课：对客服务

1. 小酒吧服务程序及标准

（1）领取

客房小酒吧内的酒水、饮料、食品由客房部领班统一在客房服务中心领取，并按定量将饮料发给各楼层服务员，供补充客房迷你酒吧用。

（2）检查

①走客房

接到散客退房通知，掌握客人姓名、房号、结账时间，迅速进房巡视，检查小酒吧内酒水、食品消耗情况。根据消费情况填写账单，记录清楚，由客房部领班交至前厅收银处。

团队房饮料的检查，客房部应做好计划，及时查看次日团队离店表，根据离店时间提前半小时，核查该团队所有房间内的小酒吧，记录在工作记录表上，填写酒水账单，由客房部领班交至前厅收银处。

②住客房

服务员在每次清扫房间和做夜床时逐一核查小酒吧消费情况，如有缺少，立即将所用酒水、饮料、食品数量、种类及客人姓名、房号、检查时间与日期记录在工作表上，并填写酒水单，报客房领班转交前厅挂账。

（3）补充

客人住店期间及每次查房后，服务员及时到楼层领取酒水、饮料，补充至客房内。

每日全部楼层的饮料消耗账目由中心文员完成。

为确保账单内容的准确性，客房部文员核对后根据账单项目将酒水、饮料发放至领班处，由其进行补充。

（4）盘点

客房部应每月检查一次楼层所有酒水、饮料、食品的保质期，确保客房小酒吧内的所有物品有至少三个月的保质期。

统计当月需要更换的即将过期的客房小酒吧物品种类和数量，统一进行更换。

根据酒店财务政策来处理即将过期的客房小酒吧物品。

2. 小酒吧服务注意事项

（1）按照酒店规定摆放好酒水、食品、酒具及账单。

（2）检查酒水食品外包装是否完好清洁。

（3）注意检查客房内酒水食品是否在有效期内。

（4）客人离店时要及时进房检查，防止逃账情况出现。

（5）因特殊情况小酒吧物品不能及时补上要做好交接工作。

（二）客房送餐服务

1. 订餐服务

电话铃响三声之内接听电话："您好，客房送餐；请问有什么需要服务的？"

聆听客人预订要求，掌握客人订餐种类、数量、人数及特殊要求，详细问清客人的房号，要求送餐的时间；解答客人提问，并主动向客人推荐，说明客餐服务项目。

复述客人预订内容及要求，询问结账方式，告知客人预计送达时间。

开好菜单，并在菜单上填写预定时间。

或根据从各楼层收来的早餐送餐单（挂在客房门口）开好菜单。

2. 备餐服务

根据就餐人数准备送餐用具（送餐车、托盘）和餐具、杯具（如有酒类需带开瓶器），依据客人订餐种类和数量，按菜品要求放置好菜品、调味品等，认真核对菜肴与订单是否相符。

整理个人仪表仪容。

3. 送餐服务

如宾客属于VIP，管理人员要与服务员一起送餐进房，并提供各项服务。

使用酒店规定的专用电梯进行客房送餐服务。

核对房号，按敲门通报程序进房。

推车进入房间后，根据客人意见确定餐车摆放位置，固定车轮，摆放鲜花，餐具等，创造良好的用餐氛围。

应客人要求要提供专业的餐饮服务，包括协助入位，打开餐巾，酒水开瓶，倒酒等。摆好餐具及菜品后，请客人用餐。对于VIP客人，在餐前为客人倒茶或提供客人需要的各种小服务。

客人用餐完毕，请其在账单上签字。

客人如无需要，礼貌道别，轻轻退出房间。

客人用餐后，及时将餐具、餐车撤除，恢复房间摆放。

四、任务实施

任务实训一

小酒吧服务

小酒吧服务分为摆放酒水、检查酒水、补充酒水、记录账目四个步骤，分小组完成以上四个步骤，为住店客人提供小酒吧服务。（以散客房为例）

表2-9　小酒吧服务实训评分表

典型工作任务名称	具体任务及分值	操作标准及要求	学员评分	教师评分
小酒吧服务与管理	摆放酒水（20分）	从领班处领取酒水，摆放至房间内。		
	检查酒水（30分）	接到散客退房通知，掌握客人姓名、房号、结账时间，迅速进房巡视，检查小酒吧内酒水、食品消耗情况。根据消费情况填写账单，记录清楚，由客房部领班交至前厅收银处。		
		清扫房间逐一核查小酒吧消费情况，如有缺少，立即将所用酒水、饮料、食品数量、种类及客人姓名、房号、检查时间与检查时间记录在工作表上。		
	补充酒水（20分）	查房后，服务员及时到楼层领取酒水、饮料，补充至客房内。		
	记录账单（30分）	查房时，酒水如有饮用，立即填写酒水单。		
		每日全部楼层的饮料消耗账目由夜班服务员完成。		
		为确保账单内容的准确性，客房部文员根据账单项目补充。		

任务实训二

客房送餐服务

饭店客房送餐服务包括订餐服务、备餐服务、送餐服务三个步骤，分小组合作，完成客房送餐服务。

表2-10 客房送餐服务实训评分表

典型工作任务名称	具体任务及分值	操作标准及要求	学员评分	教师评分
客房送餐服务	订餐服务（30分）	电话铃响三声之内接听电话："您好，客房送餐；请问有什么需要服务的？"		
		聆听客人预订要求，掌握客人订餐种类、数量、人数及特殊要求，详细问清客人的房号，要求送餐的时间；解答客人提问，并主动向客人推荐，说明客餐服务项目。		
		复述客人预订内容及要求，询问结账方式，告知客人预计送达时间。		
		开好菜单，并在菜单上填写预定时间。		
	备餐服务（20分）	根据就餐人数准备送餐用具（送餐车、托盘）和餐具、杯具（如有酒类需带开瓶器），依据客人订餐种类和数量，按菜品要求放置好菜品、调味品等，认真核对菜肴与订单是否相符。		
		整理个人仪表仪容。		
	送餐服务（50分）	使用酒店规定的专用电梯进行客房送餐服务。		
		核对房号，按敲门通报程序进房。		
		推车进入房间后，根据客人意见确定餐车摆放位置，固定车轮，摆放鲜花，餐具等，创造良好的用餐氛围。		
		应客人要求要提供专业的餐饮服务，包括协助入位，打开餐巾，酒水开瓶，倒酒等。摆好餐具及菜品后，请客人用餐。对于VIP客人，在餐前为客人倒茶或提供客人需要的各种小服务。		
		客人用餐完毕，请其在账单上签字。		
		客人如无需要，礼貌道别，轻轻退出房间。		
		客人用餐后，及时将餐具、餐车撤除，恢复房间摆放。		

五、巩固拓展

（一）课后练习

以小组为单位，分别按照小酒吧服务和送餐服务的程序和标准练习小酒吧服务、送餐服务各 5 次及以上，并拍照总结。

（二）知识拓展

怎样检查更换过期酒水？

客房部应制定一套检查客房酒水的制度，通过检查发现破损和过期酒水，具体实施方法如下：

（1）确定具体日期，对酒水进行全面检查。大部分酒店每月确定一个具体日期，对客房内全部酒水进行彻底检查。

（2）检查内容。主要有：各类酒水或小食品的包装是否符合要求；各类酒水是否有挥发现象，检查下一个月到期报损酒水和饮料。

（3）登记、归档、更换。通过检查对发现有问题的饮料和酒水应马上进行更换，数量过大不能马上更换的应进行登记，注明具体房号、酒水名称以及何类问题。

（4）统一更换。对于大批的报损酒水通过检查，统一报交酒水管理员，酒水管理员进行归类统计后统一更换。

典型工作任务五 遗留物品服务与管理

一、任务描述

五一假期期间，M酒店生意火爆，每天退房及入住的客人非常多。这天一早，一位女性客人匆忙退了房打车离开酒店。退房后，客房服务员小赵前去清扫该房间，在撤枕头时，掀开枕头发现下面压着两只黄金耳钉，小赵马上意识到这是客人遗留下的物品，便找到前台联系客人，但客人电话一直打不通。小赵的做法是否正确？接下来小赵该如何做呢？

> 学习目标
> 1. 掌握遗留物品服务程序。
> 2. 熟悉遗留物品服务与管理的注意事项。
> 3. 能正确进行遗留物品服务与管理。
> 4. 了解客人物品丢失的处理方法。

二、任务准备

遗留物品指客人在饭店范围内遗失的物品。客人遗失物品通常在离店时发生，服务员发现后应联系客人并做好保管。遗留物品既包括现金、银行卡、珠宝首饰、证件、电子产品等贵重物品，也包括眼镜、钥匙等日用品及食品、药品等，遗留物品的服务与管理能否做好，关系着酒店的信誉与形象，体现酒店的管理水平和员工的素质。因此，客房服务员应积极做好这项工作。

三、任务探究

（一）遗留物品服务程序

1. 检查发现

（1）检查退房时发现遗留物品，第一时间通知前台员工询问客人是否还需要。

（2）在任何区域发现的遗留物品都必须交到客房服务中心。

（3）如遗留物品属于客人，酒店应及时联系客人归还物品。

（4）如果客人已经离店，则将客人的物品做遗留物品登记。

2. 登记处理

（1）客房部文员将当天的遗失物品登记在《遗留物品登记表》上并注明日期、物品编号、遗留地点、物品描述、拾获人等相关信息。

（2）在失物认领表上注明与物品相同的内容。

（3）客房部文员将物品放入透明袋内，将遗留物品登记标签张贴在物品上，按月分类存放于失物招领处的货架上。

（4）贵重的遗留物品需上交到前厅部指定保险箱内保管。

表2-11　遗留物品登记表

日期	房号	物品名称	数量	拾获人	接收人	发放日	取物人	发放人	备注

3. 客人认领

（1）当客人申领所遗失的物品时，和客人确认遗失物品的相关信息，如遗留日期、物品外形、遗留地点、颜色、品牌、数量等。

（2）查看客人有效证件，确保无误后复印客人证件留存。

（3）确认无误后，将遗留物品递交给客人。请客人在《遗留物品登记表》上签字确认。

4. 物品处理

根据饭店对遗留物品的规定，确定遗留物品的保管方式及保管期。

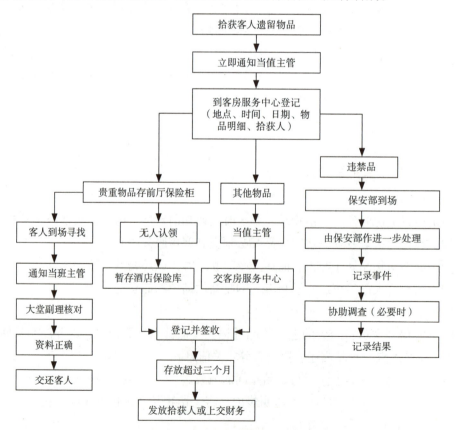

图2-5　遗留物品管理流程图

（二）遗留物品管理注意事项

（1）员工发现贵重的遗留物品，须在第一时间交至客房服务中心。客房服务中心文员做相关登记后交接给大堂经理并及时联系客人，和客人协商领取方式，并将该物品单独存放于客服中心的保险箱内，或将其交至前厅部存放于专门的保险箱内，违禁物品则交由保安部门处理。

（2）若他人代领遗留物品，酒店必须收到失物人电话委托代领人来酒店领取物品的信息，同时验收失物人的委托书及代领人身份证件方可领取。

（3）遗留物品必须归口管理，即归属一个部门管理，并且制定一套严密的管理方法，这样可以提高效率，亦可使错误率降至最低。在设有客房服务中心的饭店，一般由客房服务中心文员负责登记和保管。

（4）遗留物品应确定保管期。饭店行业对遗留物品的保管期限没有硬性规定，一般贵重物品和现金的保管期为6~12个月，普通物品3个月，药物为2周，水果、食品为2~3天。遗留的衣服先送洗衣房洗净再保存。

（5）对于保管期后的处理方式，根据同行业惯例，所有未被认领的遗留物品，在保管期过后发放给拾获者，现金则上交饭店财务部。

（6）客房服务中心文员每月底整理遗失物品仓库，做好盘点。

案例分析：

丢失的现金

某酒店王先生来到前台办理入住，在办理入住过程中前台丽丽了解到王先生是专程到本地收工程尾款，明日一早就将返回成都，由于王先生是第一次入住的新客户，前台丽丽为王先生建立了个人档案，留下了联系方式同时刷取了预授权。

第二天早上王先生因为时间问题需要赶动车，办理退房手续时未等查房结束就着急离开了酒店，客房工作人员按照退房查房程序对该房间进行检查，未发现有异常情况，随后开始对房间进行清洁。当她在拆换其中一个枕套时，发现枕头下面有5叠捆绑好的现金。"1306客人有遗留财物！"客房服务员马上通过对讲机联系到楼层主管。楼层主管接到报告后，立即前往该房间，并第一时间打电话告知了大堂副理。接着，楼层主管和大堂副理按程序对财物进行了清点，发现总共有5万元现金。楼层主管在客人物品遗留本上做好遗留物品记录并将现金放在了服务中心的保险柜内。

随后王先生于20分钟后返回酒店，酒店大堂副理陪同客人一起到客房服务中心认领遗留财物。客服人员按酒店遗留物品管理流程对客人的身份及财物数目核对无误后，将5万元现金交还到了王先生手中。由于王先生的折返，耽误乘坐动车，大堂副理协助王先生进行了改签，随后又派车将王先生送往车站。王先生对员工拾金不昧的行为深表感谢，对酒店的诚信经营理念深表赞扬，对酒店的人性化服务备受感动，说道："以后我出差到这里，一定来这个酒店入住，你们酒店我住着放心。"

问题： 该酒店的哪些做法值得我们学习？

（三）客人物品丢失

客人住店期间，随身携带的小件物品，甚至贵重物品，出于种种原因，可能丢失，遇到这种情况客人往往很着急，我们作为酒店员工应尽力帮其找回。具体流程如下：

1. 接收客人物品丢失信息

（1）向客人表示歉意。

（2）询问并记录发生地点和丢失物品的细节。

2. 采取措施

（1）向当值主管汇报，当值主管联系大堂副理并与其及保安部人员一起到场了解事态进展状况并及时将结果通知客人；

（2）协助保安人员调查，积极帮助找回丢失物品。

3. 记录

在客房部交班本上详细记录事件经过及进展。

4. 安抚客人

（1）如案件尚未查明，客人坚持要求赔偿时，应安抚客人，不可轻易作出承诺。

（2）及时向上级报告客人情况，请示解决办法。

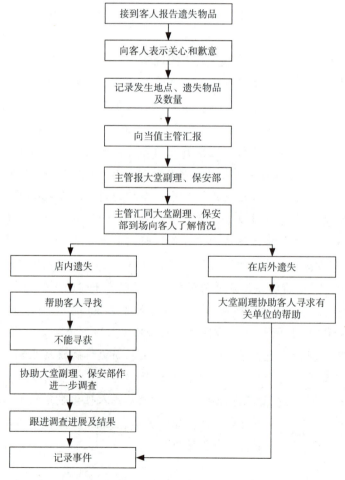

图 2-6　客人物品丢失处理流程图

四、任务实施

遗留物品服务

客房部员工对客人遗失的物品，应及时按检查发现、登记处理、客人认领、物品处理四个步骤提供服务。分小组按工作程序及标准完成遗留物品服务。

表2-12　遗留物品服务实训评分表

典型工作任务名称	具体任务及分值	操作标准及要求	学员评分	教师评分
遗留物品服务与管理	检查发现（10分）	检查退房时发现遗留物品，第一时间通知前台员工询问客人是否还需要。		
		如遗留物品属于客人，酒店应及时联系客人归还物品。		
		如果客人已经离店，则将客人的物品做遗留物品登记。		
	登记处理（40分）	客房部文员将当天的遗失物品登记在遗留物品登记表上并注明日期、物品编号、遗留地点、物品描述、拾获人等相关信息。		
		在失物认领表上注明与物品相同的内容。		
		客房部文员将物品放入透明袋内，将遗留物品登记标签张贴在物品上，按月分类存放于失物招领处的货架上。		
		发现贵重物品，通知大堂经理，放至客服中心保险箱或上交到前厅部指定保险箱内保管。		
	客人认领（30分）	当客人申领所遗失的物品时，和客人确认遗失物品的相关信息，如遗留日期、物品外形、遗留地点、颜色、品牌、数量等。		
		查看客人有效证件，确保无误后复印客人证件留存。		
		确认无误后，将遗留物品递交给客人。请客人在遗留物品登记表上签字确认。		
	物品处理（10分）	根据饭店对遗留物品的规定，确定遗留物品的保管方式及保管期。		
	综合印象（10分）	文明礼貌，行为规范、熟练，动作大方。		

五、巩固拓展

（一）课后练习

以小组为单位，按照遗留物品服务的程序和标准练习遗留物品服务5次及以上，并拍照总结。

（二）思考讨论

为什么客房中心需要保留客人遗失物品记录？

典型工作任务六　个性化服务

一、任务描述

某天，住客李女士第二次入住了 M 酒店，办完入住手续，刚一进房间，就被床上的枕头吸引住了，原来在她这次并没有特意要求的前提下，酒店已经按照她上次入住的喜好，把普通枕头换成了她喜欢的荞麦皮枕头，李女士默默赞叹道：这么关注客人需求，注重细节服务的酒店，我下次还要来住。请问：如何针对客人个性化的需求提供服务？

> **学习目标**
> 1. 熟悉个性化服务的含义、内容。
> 2. 熟悉管家服务的内涵。
> 3. 熟悉老弱、残疾人、儿童服务规程。
> 4. 熟悉病客服务规程。

二、任务准备

现如今饭店之间的竞争愈发激烈，提供标准化、常规化的服务只能满足客人的基本需求，但每个客人都是独立的个体，每个人因性格、职业、年龄、身份背景、心理活动等的不同可能会呈现具体化的差异，其个性化的需求是多种多样且千变万化的，因此，在做好标准化服务的同时，还应随机应变提供个性化服务（Personal Service），才能让饭店在竞争中取得长久的优势。

（一）个性化服务

1. 个性化服务的含义

个性化服务是指针对顾客不同需求或潜在需求，提供有别于常规服务，超出顾客想象，具有附加价值的服务。它有两层含义：一是指以标准化服务为基础，但不拘泥于标准，而是以顾客需要为中心提供各种有针对性的差异化服务及常规的特殊服务，以便让顾客有一种自豪感和满足感；二是指服务企业提供有自己个性和特色的服务项目，目的是使服务持续改进，使顾客获得持续满足。

2. 个性化服务的内容

（1）灵活服务

这项服务是服务员经常会碰到的最普遍的个性化服务。即不管酒店是否有相应的规范，而是根据客人的不同需求做出灵活合理的安排，提供具有附加价值的服务。这样的服务内容广、弹性大，要求服务员经验丰富，懂得变通。比如某服务员在做完住客房的清洁后，按规范把窗帘打开，但过了几天，发现每次进入房间时窗帘都是关上的，于是便按照客人的习惯，做完整理后把窗帘关上，这体现了更加尊重客人的差异化需求，而非墨守成规，是突破标准与规范的个性化服务，因此，会让客人更有满足感，从而对企业更加忠诚。

（2）超前服务

超前服务指服务员具有超前意识，将服务提供于客人开口之前，即发现并满足了客人潜在的需求，从而让客人产生满意加惊喜的感觉。如客人嗓子不舒服，服务员主动送上胖大海水。客人手中有药，主动递上温水。客人带宝宝用餐，主动提供儿童餐椅和餐具等。超前服务是宾客至上意识主导下的主动服务，更富有人情味，是饭店高质量服务的体现。

（3）特色服务

特色服务主要从酒店方考虑，指酒店提供有酒店个性和特色的服务项目。如某酒店对过生日时入住该酒店的客人，除了赠送鲜花以外，再额外赠送一份有酒店特色的精美纪念品，不仅让客人感受到被尊重，更增添了对酒店的美好印象。

（二）管家服务

酒店的管家服务是一种高档酒店针对入住贵宾的更加个性化的服务方式，适用于接待高规格的重要客人。它通过对入住贵宾提供更加专业化、私人化的服务在，极大地方便和满足了酒店贵宾的需求。对于酒店来说，这不但是一条简单的快速服务通道，还能为宾客带来一种身份和地位得到重视的满足感，着力于培养高端的忠诚客人。

管家服务的内涵

1."一对一"式的服务

由客人直接对管家提出服务要求，管家则对客人直接负责并提供服务。管家实现"一对一"专属服务，其是酒店配给客人入住酒店期间的私人生活助理。

2."一对多"式的服务

设立在行政楼层或套间的服务，客人没有特殊需要，管家不会出现。但需要完成接待、整理客房、账单等服务，让客人无形中感受到管家的存在。

3."一站式"服务的形式

"管家服务"是更专业和私人化的一站式酒店服务，它是集酒店前厅、客房和餐饮等部门的服务于一人的 24 小时的专业服务。

三、任务探究

（一）老弱、儿童服务

老弱客人通常行动较慢，并且行动不便，儿童则活泼好动，两类客人普遍生活自理能力较差，因此，在客房工作中，要予以针对性的特别照料。

表2-13　老弱、儿童服务程序及标准

项　目	服务程序及标准
老弱者	1.主动上前帮助客人提行李，搀扶客人行走； 2.主动询问客人对房间空调的温度意见，调节空调的温度或增加棉被； 3.为客人推荐软饮食及送餐服务。
儿童	1.发现儿童随同客人入住，投以赞赏和亲切的眼光，主动上前打招呼，让客人感受到自己的孩子受到重视； 2.不能显得过分亲密，不能搂抱、亲吻儿童，不能给儿童提供食品，不能将儿童带离客人的身边； 3.向客人介绍房间内设施设备、电源分布、易碎易损品等安全注意事项。

注意事项：

（1）不能模仿和嘲笑客人。

（2）给予真诚的同情、关心和帮助。

（3）征得客人同意后，询问客人有无特殊要求，及时提供服务。

（二）病客服务规程

如果遇到客人生病，服务员应给予特别照料，体现出关怀、重视、乐于助人的态度，会让客人感受到温暖。

表2-14　病客服务程序与标准

工作程序	标　准
主动关心	1.发现患病客人时，给予真诚的同情、关心和帮助； 2.简单询问客人病情，并征求客人的意见是否需要到医院治疗； 3.及时向部门经理报告，如属危重病客人，部门经理须立即向值班经理报告。
送客就医	1.如客人同意或要求到医院治疗（对危重病客人，由值班经理向值班总经理请示批准），立即向办公室通报，以酒店小车或联系救护车护送至就近县级以上医院； 2.安排专人临时护理； 3.征求客人意见是否联系家人前来看望，如客人表示同意，应问清联系方式立即帮助联系； 4.向医生了解客人病情，如属于传染性疾病，应立即通知客房中心对客人入住的房间进行消毒处理。
特别照料	1.如客人病情较轻，不愿意到医院医治，可征求客人的意见是否联系医生到房间诊断治疗； 2.如客人同意联系医生到房间诊断治疗，部门经理须向值班经理报告，由值班经理联系就近的县级以上医院请医生出诊。

续表

工作程序	标 准
特别照料	3.按照医生的诊断要求： ①如需住院治疗，当即与客人商议，联系其家人前来护理； ②如无需住院治疗，仅要求开处方吃药，由值班经理安排人员到医生所在医院购药，开好发票，待方便时向客人清算。 4.向医生了解客人病情，如属于传染性疾病，应立即通知客房中心对客人入住的房间进行防范处理。 5.客人在房间调理，应将垃圾桶摆放在客人床边，把纸巾放在床头。 6.为客人推荐软饮食及送餐服务。 7.按时提醒客人服药。 8.视病情代表酒店赠送果盘或鲜花以示关心。 9.随时留意客人的动态，询问客人有无特殊要求，及时提供服务。 特别注意：没有医生在场的情况下，客人向酒店索要药物或请服务员代为购买药物，则应婉言拒绝，可代为联系医院或医生。
记录情况	1.随时向直接管理的上级报告客人的恢复情况； 2.在《工作日志》上如实记录整个服务过程和主要情节。
消毒处理	1.客人离店后，须马上对其房间进行严格消毒处理； 2.对房间的布草单独收取，报告客房中心通知洗衣房进行隔离、消毒、清洗； 3.对客人使用过的客房配备用具进行严格消毒处理。

四、任务实施

任务实训一

老弱、儿童服务

客房部员工对老弱、儿童服务，应及时提供主动服务，分小组模拟完成老弱、儿童服务。

表2-15 老弱、儿童服务实训评分表

典型工作 任务名称	具体任务 及分值	操作标准及要求	学员 评分	教师 评分
个性化 服务	老年人 服务 （40分）	主动上前帮助客人提行李，搀扶客人行走。		
		主动询问客人对房间空调温度的意见，调节空调的温度或增加棉被，服务过程中给予真诚的同情、关心和帮助。		

续表

典型工作任务名称	具体任务及分值	操作标准及要求	学员评分	教师评分
个性化服务	儿童服务（50分）	发现儿童随同客人入住，投以赞赏和亲切的眼光，主动上前打招呼，让客人感受到自己的孩子受到重视。		
		不能显得过分亲密，不能搂抱、亲吻儿童，不能给儿童提供食品，不能将儿童带离客人的身边。		
		向客人介绍房间内设施设备、电源分布、易碎易损品等安全注意事项。		
	综合印象（10分）	文明礼貌，行为规范、大方。		

任务实训二

病客服务

分别完成主动关心，送客就医，特别照料，记录情况、消毒处理五个步骤，分小组完成病客服务。

表2-16　病客服务实训评分表

典型工作任务名称	具体任务及分值	操作标准及要求	学员评分	教师评分
个性化服务	主动关心（15分）	发现患病客人时，给予真诚的同情、关心和帮助。		
		简单询问客人病情，并征求客人的意见是否需要到医院治疗。		
		及时向部门经理报告，如属危重病客人，部门经理须立即向值班经理报告。		
	送客就医（20分）	如客人同意或要求到医院治疗（对危重病客人，由值班经理向值班总经理请示批准），立即向办公室联系，以酒店小车或联系救护车护送至就近县级以上医院。		
		安排专人临时护理。		
		征求客人意见是否联系家人前来看望，如客人表示同意，应问清联系方式立即帮助联系。		
		向医生了解客人病情，如属于传染性疾病，应立即通知客房中心对客人入住的房间进行消毒处理。		

续表

典型工作任务名称	具体任务及分值	操作标准及要求	学员评分	教师评分
个性化服务	特别照料（40分）	如客人病情较轻，不愿意到医院医治，可征求客人的意见是否联系医生到房间诊断治疗。		
		如客人同意联系医生到房间诊断治疗，部门经理须向值班经理报告，由值班经理联系就近县级以上医院请医生出诊。		
		按照医生的诊断要求： ①如需住院治疗，当即与客人商议，联系其家人前来护理； ②如无需住院治疗，仅要求开处方吃药，由值班经理安排人员到医生所在医院购药，开好发票，待方便时向客人清算。		
		向医生了解客人病情，如属于传染性疾病，应立即通知客房中心对客人入住的房间进行防范处理。		
		客人在房间调理，应将垃圾桶摆放在客人床边，把纸巾放在床头。		
		为客人推荐软饮食及送餐服务。		
		按时提醒客人服药。		
		视病情代表酒店赠送果盘或鲜花以示关心。		
		随时留意客人的动态，询问客人有无特殊要求，及时提供服务。		
	记录情况（10分）	随时向直接管理的上级报告客人的恢复情况。		
		在《工作日志》上如实记录整个服务过程和主要情节。		
	消毒处理（10分）	客人离店后，须马上对其房间进行严格消毒处理。		
		对房间的布草单独收取，报告客房中心通知洗衣房进行隔离、消毒、清洗。		
		对客人使用过的客房配备用具进行严格消毒处理。		
	综合印象（5分）	文明礼貌，行为规范、大方。		

五、巩固拓展

（一）课后练习

以小组为单位，按照老弱、残疾人、儿童服务及病客服务的程序和标准分别练习 5 次及以上，并拍照总结。

（二）知识拓展

访客服务

酒店客人住店期间，偶尔会有其他客人到访，因此，客房服务员应做好访客服务。流程如下：

（1）做好访客前的准备工作。问清来访人数，是否需要准备饮料、鲜花，有无特别服务要求等。在来访前约半个小时做好准备。

（2）协助住客将来访者引领到客人房间（事先应通知客人）。

（3）提供送水或送饮料服务。

（4）及时续水或添加饮料。

（5）访客离开后及时撤出加椅、茶具等，收拾房间。

（6）做好访客进出时间的记录，如已超过访问时间（通常为 23 点半）访客仍未离开，根据酒店规定，可先用电话联系客人，提醒客人，以免发生不安全事故。

（7）对没有住客送的访客要特别留意。

山水之城，美丽之都——重庆

重庆有山城、江城、不夜城的美誉，既是世界最大的山水城市，也是世界温泉之都和中国温泉之都，自然风光和历史文化旅游资源丰富。近些年到重庆旅游的人越来越多。作为一名旅游城市的客房服务员，熟悉重庆"山水之城，美丽之都"的旅游资源概况，可以更好地为客人提供个性化服务。

古语说，有山则名、有水则灵。重庆历来有"山城"之称，整个城市依山而建，山在城中，城在山上；重庆山水相依，山水交融，长江、嘉陵江、乌江在此交汇，主城两江环抱，两江交汇之处有著名的"朝天门码头"，闻名天下，并有歌乐山、南山、缙云山等山脉，山水资源丰富。

重庆旅游资源单体非常丰富，涵盖高山峡谷、江河湖泊、温泉康养、历史文化、民风民俗、主题娱乐、都市风情、邮轮游船等多种类型。有世界上唯一可乘坐大型邮轮游览的大峡谷——长江三峡，世界上最深的天坑——奉节小寨天坑，世界上最长的地缝——奉节地缝，世界上最高最大的喀斯特天生桥群——武隆天生三硚，世界上海拔最高的喀斯特溶洞——金佛山古佛洞和享誉中外的世界温泉之都。

重庆既有山水自然的纵深感，又有历史人文的厚重感。重庆有着 3 000 多年的悠久历史，坐落在长江与嘉陵江交汇处，两江环抱，拥有非常美丽的夜景，是著名的"3D立体城市"。

"朝辞白帝彩云间，千里江陵一日还"；

"夜发清溪向三峡，思君不见下渝州"；

"何当共剪西窗烛、却话巴山夜雨时"；

"曾经沧海难为水，除却巫山不是云"。

中国古代大文豪笔下这些优美熟悉的诗句，描写的都是重庆的景观景致，尤其是以长江三峡为代表的重庆知名旅游景点。

重庆的美，不仅在于山水，还在于显著的区位发展优势。重庆是中国中西部地区唯一的直辖市、重要的国家中心城市，是一座快速发展的现代化国际大都市，地处"一带一路"和长江经济带支撑点，坐拥长江黄金水道、"渝新欧"国际铁路联运大通道，具有承东启西、连接南北的区位优势。

重庆的美，在于独特的人文自然风光。重庆是世界知名的旅游城市和重要的旅游目的地。拥有世界文化遗产大足石刻，世界自然遗产武隆天生三硚和南川金佛山，世界最壮美内河大峡谷长江三峡和充满民族风情的乌江画廊，有 25 900 多处文物遗址、古城古镇和古村落。重庆是世界温泉及气候养生联合会命名的世界"温泉之都"，数百个特色各异的养生温泉遍布城乡。

重庆的美，在于独特的城市餐饮美食。重庆是中国美食之都，发源于重庆的火锅，有上百万家火锅店遍布大街小巷，麻辣鲜美，香飘海内外。重庆小面，风味独特，深受中外游客喜爱。重庆还有众多经营各国餐饮的美食城，为来自世界各地的游客提供丰富多彩的美味。

读万卷书，行万里路，是中国人修身所追求的境界。这句话放到重庆最合适不过，"重庆"二字从结构上看，"千里"为"重"，"广大"为"庆"，寓意着"行千里，致广大"。到重庆旅游，可以收获身心的享受，修炼人生的大格局、大视野、大情怀。

典型工作任务七　智能产品服务与管理

一、任务描述

住客刘婷 8 月 6 日入住了 M 酒店，该酒店是一所高档智能化酒店。刘婷在前台办理了入住手续之后，来到了客房。刷脸进入房间后，疲惫的她躺到了床上，准备用手机里的软件打开空调和电动窗帘，结果却怎么也打不开，于是便来寻求客房服务员小赵的帮助。请问：小赵该怎样帮她实现客房智能系统的操作呢？

学习目标
1. 熟悉客房智能产品的含义和特点。
2. 掌握客房智能产品服务流程。
3. 熟悉客房智能产品服务注意事项。
4. 能正确帮助客人使用客房智能产品。

二、任务准备

在目前互联网高速发展的背景下，"互联网+"应运而生，其助力了各行各业的发展，给许多产业的发展带来新的生命力和活力。酒店市场在激烈的竞争下，更应顺应时代的潮流与需求，向智能化发展，实现酒店客房智能化，即打造智能客房产品，提供一站式智能服务，打造极致用户体验，同时提高酒店的服务效率，提升酒店形象。下面介绍饭店客房智能产品的含义及特点：

饭店客房智能产品是指饭店通过依靠先进的移动互联技术、云平台技术、大数据技术、智能控制技术和计算机网络通信技术等精心设计开发出的客控智能系统，让客人在客房享受到各种智能化的服务和体验。其具有以下特点：

（1）方便管理。通过客房智能控制系统，可以提高对客服务质量。例如客房智能控制系统可以对整个酒店的所有房间是否空置及房间内的灯光、空调、门铃面板、电动窗帘、风机等设备的实时状态进行监控，使得管理者对饭店的设备状态更加明晰，以便提供更周到的服务。客房智能控制系统还可以实时查询服务员的状态，便于领班、主管等管理人员调配服务员的工作，方便管理。

（2）人性化。客房智能产品可以实现客人来灯亮客人走灯灭的感应控制，以及通过控制面板，来控制窗帘、窗纱的开关，体现智能化生活带来的乐趣。诸如此类，实现酒店更加人性化的服务。

（3）节能。酒店洗手间的灯光、排气扇通过感应器来控制，有人进去时立刻打开，排气扇延时 10 秒打开，当然客人也可以通过控制面板自己控制。若客人离开洗手间时间超过设定时间，系统将自动关闭灯光、排气扇。这些在让客人感受到便利的同时，为酒店实现了节能。

三、任务探究

（一）客房智能产品服务

1. 住前：用智能让服务延伸到酒店之外

酒店客人至前台办理入住，前厅接待员在为其办理完入住登记后，通过智慧酒店管理系统，为客人提前打开房间的灯光、空调、窗帘、电视等设备，实现半自助入住；客人也可凭身份证在自助入住机上自助选房、自助开房、自助缴费、自助刷脸办理入住、无停留自助退房，极速办理入住，保护客户隐私。

2. 住中：熟悉 + 意外，打造令人难忘的智能入住体验

（1）无卡开门

微信开门：客人办理入住后，扫码进入酒店微信公众号客控平台，将自动获得房门授权，入住时，只需微信轻松一点，无需房卡秒开门。

刷脸开门：客人通过自助入住机办理入住后，脸部信息将自动录入后台系统，当客人抵达房门前，只需轻按一下门铃，即可轻松实现 3 秒刷脸开门，告别找房卡的烦恼。

图 2-7　智能自助入住机

图 2-8　刷脸开门

（2）陌生访客识别

当有陌生访客造访时，房客可以声控唤醒刷脸门铃，识别门外访客性别、年龄等人脸属性，并同步推送到客房电视机屏幕上。访客身份经房客确认后，由房客声控授权开门。

（3）欢迎模式

酒店可以根据客房环境和客人习惯，设置"欢迎模式"，在客人推门而入后，智

能联动灯光、窗帘、空调、音响等，为客人营造宾至如归的体验，感受家一般的温暖。

（4）声控客房

客人可通过声控遥控器、智能语音管家控制语音客房内的灯光、窗帘、空调、电视等设备，彻底释放双手，让生活从智能机器人对话开始。例如：冬日里无须离开被窝，睡前轻声一唤："关闭所有灯光"，所有灯光自动关闭，由此开启懒人睡眠模式，安心进入梦乡。早起一个指令："打开所有灯光"，唤醒全屋所有灯光，省去逐个开灯的麻烦。

（5）自定义情景模式

酒店可根据自身环境定制多种情景模式，客人也可以根据自己的生活习惯，通过微信客控平台自定义多姿多彩的个性模式,合拍自己的心情: 观影、学习、娱乐、洗漱……例如，早上可以开启明亮模式: 打开全屋灯光、打开窗帘，全屋通透明亮，唤醒全身活力。阅读时，可以开启阅读模式: 关闭窗帘、打开阅读灯，任由心灵，自在旅行。

（6）客需 + 客控，让酒店进入语音时代

客人可以通过与酒店开发的智能语音管家对话："请打开空调""请把电视音量调大一些""请关闭窗帘""请拨打前台电话"等，进行智能操作，也可以通过与智能语音管家对话，提出服务需求、查询信息、咨询生活百科，利用语音管家充当闹钟等个人助手，播放影音进行娱乐放松等，总之，语音智能系统开启多技能模式，为客人带来全方位、多角度的个性化服务。

3. 离店：一键离店，优化客户时间

（1）预约开票

客人可以通过微信提前预约开票，退房时直接前台取票，有效优化客户时间。

（2）一键退房

预约退房：客人可以在微信设置退房日期及时间，以免开会或有事耽误退房，实现前台准时办理。

一键退房：客人外出办事，无须再回酒店，轻松微信办理退房；赶时间，微信一键秒退房，直奔机场。电子对账客房消费清单，返还押金。

酒店针对不同群体，可以采用不同的智控方式，微信智控、刷脸智控、语音智控、控制面板等分别适用于年轻群体、儿童或老年群体，4 大交互方案同步实现智能控制，满足全年龄段的交互需求。

客人的时间永远是最昂贵的，客房智能产品可以最大限度优化客人时间，为客人带来便利、高效服务的同时，助力酒店提升服务品质。

（二）客房智能产品服务注意事项

（1）饭店客房智能产品既可以让客人自行操作，也可以由饭店员工在对应的系统操作，双重控制，更加便利。如客人入住的时候直接在手机上安装上智能系统，自行

用手机提前打开房间里的空调、窗帘等，饭店工作人员也可以在客户登记入住的时候进行这些操作。

（2）客房智能产品的正常运转需要依靠强大的客人智能控制系统，因此，应经常进行客控系统的优化和维护，确保客人的服务品质得到保障。

（3）客房智能产品的出现一定程度上实现了无人接触服务，保护了客人隐私，但并非不需要人工服务，有时客人不熟悉操作方法，需要客房服务员帮助实现智能操作，因此，作为客房服务员应熟悉客房智能产品的性能、使用方法和操作技巧，必要时帮助客人，真正让客人感受到细致周到的服务。同时，智能产品并不能全部替代人工服务，在一些重要或特殊的任务方面，服务员的优势是巨大的，如残疾人等特殊群体的服务。因此，客房服务员需要不断学习新的知识和专业技能，通过自我完善努力适应科技进步和时代发展的需要。

四、任务实施

客房智能产品服务

客房服务员应熟悉客房智能产品的住前、住中、离店三个步骤的智能操作，以便帮助客人顺利操作客房智能产品，分小组完成客房产品智能服务。

表 2-17　客房智能产品服务实训评分表

典型工作任务名称	具体任务及分值	操作标准及要求	学员评分	教师评分
智能产品服务与管理	住前（20分）	掌握如何办理入住登记。		
		掌握如何远程开启灯光、空调、电视、窗帘等。		
		掌握如何在自助入住机上进行自助选房、自助开房、自助缴费、自助刷脸、办理入住等服务。		
	住中（50分）	掌握如何利用酒店智能系统无卡开门操作。		
		掌握陌生访客识别如何操作。		
		掌握如何利用语音控制系统声控客房。		
		掌握如何选择及设定不同的情景模式。		
		掌握如何利用智能语音管家实现多种服务。		
	离店（20分）	掌握如何利用智能产品进行预约开票。		
		掌握如何利用智能产品进行一键退房。		
	综合印象（10分）	业务熟练，操作规范，文明大方。		

五、巩固拓展

（一）课后练习

以小组为单位，按照客房智能产品服务的程序练习客房智能产品服务 5 次及以上，并拍照总结。

（二）知识拓展

客房智能化服务小贴士

衣柜照明：当客人打开衣柜，门磁开关被触发，柜内的照明灯自动打开，方便客人取放衣物。

关门提醒：若客人进门后放行李忘了关门，门磁开关感应到后，饭店客房系统会发出声音提示。

新风系统：会根据房间状态，自动开启新风系统 5~15 分钟，以保证房间空气质量。

请勿打扰：在服务开关面板上激活"请勿打扰"后，服务面板上的"请勿打扰"LED 灯亮起即"请勿打扰"有效，此时门铃被禁止；房控中心和该区域服务员会收到此信息，系统管理软件会弹出"请勿打扰"图标，房门外指示牌上"请勿打扰"红色指示灯亮起；要撤销"请勿打扰"状态，需再按一次"请勿打扰"开关。

项目三
夜床服务

典型工作任务一　标准化夜床服务

一、任务描述

李经理到 A 城出差，入住 M 酒店，他入住第一天，发现客房服务工作很到位，客房服务员小赵上午对房间进行了全面清扫，房间一直整理得很干净。下午 4 点左右，他离开酒店去洽谈业务，临出门前沐浴更衣，将整理好的房间弄乱了。在深夜回酒店的路上，疲惫的李经理想起自己凌乱的房间，担心回去不能尽快休息。当他打开房间，发现房间已经整理到位，而且客房服务员做了很多方便客人休息的布置工作。李经理更加深刻地感受到了酒店周到细致的服务。

> 学习目标
> 1. 熟悉夜床服务所需设施物品。
> 2. 掌握开夜床的流程和标准。
> 3. 能规范正确进行夜床服务。
> 4. 具备良好的服务意识和规范化工作态度。

二、任务准备

李经理深刻感受到酒店的服务体贴周到，正是源于客房服务员小赵根据夜床服务操作规程所提供的标准化夜床服务。夜床服务（Turn-Down Service），又称"晚间服务"，就是酒店在傍晚提供的一项客房微整理服务，便于晚归的客人休息，是酒店体贴、细致、周到服务的一种体现。夜床服务包括开夜床、房间整理、卫生间整理三项内容。

（一）熟悉夜床服务所需设施物品

表3-1 夜床服务设施物品列表

序 号	物品名称	数 量	单 位	备 注
1	房务工作车	1	辆	
2	工作桶	1	个	
3	布草	若干		
4	冰桶	1	个	
5	冰块	若干		
6	晚安托盘	1	个	
7	天气预报卡	1	张	
8	杯具	若干	个	
9	地巾	1	张	
10	抹布	若干	张	
11	一次性用品	若干		
12	防滑垫	若干	张	
13	工作报表	1	份	

（二）准备工作

为了规范有效地完成标准化夜床服务工作，客房服务员小赵应该做好如下准备工作：

（1）在房务中心领取房态表。

（2）根据工作报表到指定楼层。

（3）准备工作车、布草及物品。

（4）先做 VIP 房，再做普通住客房间。

三、任务探究

夜床服务的操作规程因饭店的具体要求不同而存在差异。大致操作流程如下：

（一）进入客房

（1）如果房间挂有"请勿打扰"，则不要敲门，做好记录。

（2）遵循进入客房标准程序，按门铃一下或者敲门三下，同时报告："你好，客房服务。"

（3）若客人不在房间，则开门进入房间，在工作报表上记录进入房间的时间。

（4）如果客人在房间，则在征求客人允许后进入房间，在工作报表上记录进入房间的时间。

（二）检查灯具

（1）打开电源开关，检查是否所有的灯具都是亮的。

（2）如果有灯坏了，联络工程部及时维修更换。

（三）更换物品

（1）检查垃圾桶，确认垃圾桶保持清空。

（2）更换客人使用过的烟灰缸、玻璃器具、陶瓷器具。

（3）补充茶叶和咖啡等用品。

（4）更换客房印刷品。

（四）开夜床

（1）拉上窗帘。

（2）两张床的房间：如果只住了一个人，开夜床时要开客人用过的一张床或者靠床头柜的那张床；如果住了两个人，则两张床都要开夜床。

（3）一张床的房间：如果只住了一个人，开夜床时应开靠窗的一边；如果住了两个人，那么床的两边都要开夜床。

（4）将晚安托盘放于床尾，靠近开夜床的一边，托盘内放置矿泉水、晚安卡、水果盘或甜点。

（5）将靠枕收进电视柜或衣柜内。

（6）整理床铺，被子折角：将被子翻折于开夜床一侧的直角边与被子中线重合，45°，三角形，折角平整，下垂自然。

（7）将客人的睡衣叠好放在开夜床的开口处；将晚安卡、矿泉水和一个水杯摆放在床头柜上，靠近开好的夜床一侧。如果房间里有两个人，则把同样的布置也放在另一张床头柜上，物品摆放位置合理，方便客人使用。

（8）将地巾摆放于折角的一侧，地巾靠床头边与被子翻折 45 cm（靠近床头一侧）齐平；地巾靠床体边与被子下垂边沿垂直齐平；将拖鞋去袋打开，放置于地巾上，鞋头朝外。

（9）将客房内的冰桶装上一半的冰块。

（10）将开夜床的一边的床头灯、进门顶灯和夜灯打开，关闭其他灯源。

（五）整理卧室

（1）客人的鞋应该按双整洁地放在衣柜里或鞋架上；

（2）将客人的衣服折叠好，整齐地放在沙发的末端。

（3）客人的其他物品稍加整理，放在原来的位置上。

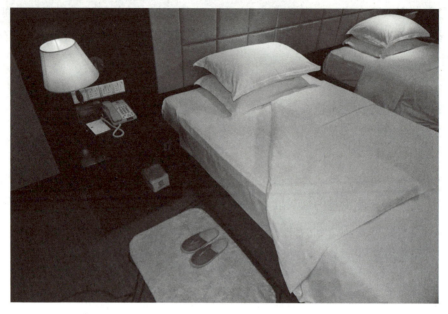

图 3-1　开夜床

（六）整理卫生间

（1）检查垃圾桶，清理卫生间内垃圾，更换垃圾袋。

（2）清洗、更换客人使用过的玻璃器具；更换用过的浴巾、面巾、小方巾、地巾；检查、补充卫生纸。

（3）清洗盥洗台、洗手盆以及浴缸，并擦干。

（4）将浴缸专用防滑垫平铺在浴缸内底部，距浴缸排水口活塞5~10 cm；

（5）将浴帘放入浴缸内侧拉开，遮住浴缸的全部。

（6）环视卫生间，确保没有遗留任何清洁工具和清洁用品。

（七）离开房间

（1）环视房间，确保没有留下任何东西，包括清洁工具。

（2）打开床头灯和进门灯。

（3）如果客人在房间里，提供更多的帮助，如果客人没有其他要求，则祝客人晚安。

（4）从门后后退三步，转身轻轻关上门。

（5）填写工作报表，记录离开房间的时间。

四、任务实施

表 3-2　标准化夜床服务实训评分表

典型工作任务名称	具体任务及分值	操作程序及标准（单床）	学员评分	教师评分
标准化夜床服务	服务准备（10分）	按规范准备和领用相关物品。		
		按规范准备和整理房务工作车。		
		核实房态，确定清洁整理顺序。		
	规范进房（5分）	按规范敲门或按门铃。		
		按规范进入房间，记录进房时间。		
	检查、更换（10分）	打开电源，检查所有灯具。		
		检查、更换客人使用过的器具和物品。		
	开夜床（30分）	将被子翻折于床上一侧的直角边与被子中线重合（偏2 cm以内不扣分，2~3 cm扣2分，3 cm以上不得分）。		
		将地巾摆放于折角一侧，地巾靠床头边与被子翻折45 cm（靠近床头一侧）齐平，超过不得分。		
		地巾靠床体边与被子下垂边沿垂直齐平，超过不得分。		
		拖鞋摆放于地巾之上，鞋头朝外，超过不得分。		
		在床头柜上摆放晚安卡、矿泉水及水杯，物品摆放位置合理。		
	整理卧室（20分）	整理客人衣物，摆放合理。		
		整理客人其他物品，摆放合理。		
	整理卫生间（10分）	检查垃圾桶，清理卫生间内垃圾，更换垃圾袋。		
		清洗、更换客人使用过的玻璃器具；更换用过的浴巾、面巾、小方巾、地巾；检查、补充卫生纸。		
		清洗盥洗台、洗手盆以及浴缸，并擦干。		
		将浴缸专用防滑垫，平铺在浴缸内底部，距浴缸排水口活塞约5~10 cm。		
		将浴帘放入浴缸内侧拉开，遮住浴缸的全部。		
		环视卫生间，确保没有遗留任何清洁工具和清洁用品。		

续表

典型工作 任务名称	具体任务 及分值	操作程序及标准（单床）	学员 评分	教师 评分
标准化夜床服务	离开房间 （5分）	环视房间，检查是否有遗留物品。		
		按规范离开房间，记录离开时间。		
	综合印象 （10分）	总体效果：三线对齐，床品清洁，平整美观。		
		操作过程规范，动作娴熟、敏捷、声轻，姿态优美，能体现岗位气质和礼节礼貌。		

五、巩固拓展

（一）课后练习

分组练习，按照标准流程计时练习夜床服务5次以上，并拍照总结。

（二）知识拓展

1. 案例分析

张院士打开酒店房间门，不由得又皱了皱眉头，房间已经被清洁过了，房间客用品补充好了，房间内物品已被整理过了，包括他花了半天时间做好标记摊开在床上的书籍、杂志资料都被重新合上，整齐地摆放到书桌上了。

同样的事昨天已经发生过了，发生后张院士交代客房服务员，不要乱动他的书，清扫时不要把它们合起来，因为自己正在写书，需要把书和资料做好标记并摊在床上，以便查找。而此时，张院士有些生气地叫来客房服务员，问其原因。

客房服务员回答道，需要按规范来整理床铺，因为床上堆满书，她就要把书整理好移开，这是按酒店规范操作的，不然是要扣分的。张院士深感无奈，只得去找管理人员。

请思考讨论：按照规范操作，为何让张院士很生气？客人的要求与酒店标准化规范制度之间应该如何取舍？

2. 技能拓展

请参照全国职业院校技能大赛酒店服务项目里的"开夜床"环节的操作规程，完成计时操作练习。

典型工作任务二 个性化夜床服务

一、任务描述

有一次，经常出差的沈先生住进了 M 饭店。沈先生刚进房，便倒在靠窗的床上看电视，不知不觉到了晚餐时间，沈先生便起身走向餐厅。当他回房时，发现已经做好的夜床，所开的床是他喜欢的正对电视机的靠窗的那张。沈先生为客房服务员小赵的细心叫好，因为客房服务员小赵没有按饭店的惯例开靠近卫生间的床。

在夜床服务中，如何做到提供有针对性、个性化的服务？

学习目标
1. 了解个性化夜床服务的要求。
2. 熟悉个性化夜床服务的类型。
3. 能自主设计个性化夜床服务主题并完成实施。
4. 具备创新意识、优质服务意识以及应变能力。

二、任务准备

客房服务员小赵并没有按照标准化夜床服务的要求给沈先生提供开夜床服务，而是细心地发现了客人的喜好，体贴地为客人提供开夜床服务。这种以人为本的服务理念是针对性、个性化夜床服务的关键。在饭店业竞争日趋激烈的状况下，饭店越来越关注客人的个性化需求。越来越多的酒店往往会通过提供以顾客为中心的服务，赢得顾客的忠诚。为做好针对性、个性化的服务，许多注重服务品质的饭店要求员工注意观察客人的喜好，如喜爱睡哪个位置的床铺、喜爱吃什么水果、喜爱喝什么饮料等，并建立长效的客史档案机制，为饭店各个部门的服务提供信息，以便给客人提供更优质的服务。

（一）个性化夜床服务所需设施物品

表 3-3 个性化夜床服务所需设施物品列表

序 号	物品名称	数 量	单 位	备 注
1	房务工作车	1	辆	
2	工作桶	1	个	
3	布草	若干		
4	晚安托盘	1	个	
5	天气预报卡	1	张	

续表

序　号	物品名称	数　量	单　位	备　注
6	创意夜床用品	若干		
7	装饰物	若干		
8	工作报表	1	份	

（二）准备工作

（1）根据客人的个性化需求针对性地设计创意夜床主题。

（2）准备工作车、布草及相关物品。

三、任务探究

对于夜床服务，不应仅仅是补充客房物品、整理房间、渲染夜晚的气氛，还可以通过简单的布置，给客人一些惊喜。夜床的主题就是为了更好的睡眠，通过环境的渲染，增加房间的入睡指数是酒店一直努力做的服务，这其中就包括种类繁多的夜床服务。创意夜床的挑战在于既要做到美观创意，又要控制成本。

常见的创意夜床种类有六种：

1. 手工艺品类

传统手工艺品，是传递中国传统文化和呈现地方特色的最好载体。例如，把菠萝叶子洗干净，擦干后折成螃蟹或者热带鱼一类的动物，放在客人的床铺上，当客人回到房间，瞬间感觉到灵动的清新。手工纸花也非常适合，例如传统折纸、剪纸等。

这一类夜床创意适合初次光临当地的客人或带有孩子的客人，有利于建立良好的第一印象。

这类手工艺品成本低廉，但是却能给客人眼前一亮、耳目一新的惊喜感。操作起来也算方便。

2. 毛巾折叠类

利用毛巾折叠动物，是创意夜床中成本最低、最常用的一种做法了。根据客人的需求爱好不同，选择折叠不同类型的动物。常见的动物有乌龟、小狗、青蛙、大象、鳄鱼、天鹅等。当客人见到这些新鲜又神似的可爱动物的时候，显然会被温暖到，收获满满的心意和归属感。

图3-2　工艺品类

图3-3　毛巾折叠类

3. 温馨花草类

绿色环保消费观念下的现代酒店，会以鲜花绿植布置在酒店公共区域的方式营造良好的入住环境。

鲜花布置在房间里，既可以营造出温馨的氛围，还可以通过鲜花的寓意或者造型表达出对客人的美好祝福。例如红玫瑰代表着热情；文竹寓意文雅等。如果还不忘用卡片写上一句温馨的晚安语，效果就更好了。既简单大方，又不失温馨。当然，如果是有偏爱绿植的客人，可以将当地比较有特色的绿植送给客人。客人一定有倍受重视的惊喜和幸福感。

4. 卡通玩偶类

卡通玩偶是吸引儿童的最佳渠道，由此衍生的吉祥物或卡通周边也会让年轻人心仪。例如迪士尼乐园的主题酒店中，会以不同的卡通主题来设计布置夜床，客人可根据自己的喜好自主选择，形成良好的入住体验。

5. 温馨礼品类

有的品牌酒店致力于深耕形成自己的品牌文化，并进一步研发、设计、生产出含有品牌文化特色的温馨小礼品，将小礼品融入并用于夜床服务环境的布置也是非常好的。

6. 水果甜品类

随着社会的发展和进步，越来越多的人开始关注健康的生活方式。色彩缤纷、美味营养的水果甜品既饱眼福又饱口福，果蔬的自然香气还有清新空气的效果，何乐而不为？选择水果时需要考虑到色彩搭配、季节差异和客人的兴趣爱好，尤其需要注意规避客人的忌口。用心的选择和搭配会赢得客人的充分认可。

四、任务实施

表3-4　个性化夜床服务实训评分表

典型工作任务名称	具体任务及分值	操作程序及标准	学员评分	教师评分
个性化夜床服务	服务准备（10分）	根据创意主题准备和领用相关物品。		
		准备和整理房务工作车。		
	开夜床（40分）	被子反折角为45°，直角三角形。		
		反折角于床上的一侧的直角边与被子中线重合（偏2 cm以内不扣分，2~3 cm扣5分）。		
		折角平整，下垂自然。		
		地巾摆放于折角一侧，地巾靠床头边与被子反折45 cm边（靠近枕头一侧）齐平，超过不得分。		
		地巾靠床体边与被子下垂边沿垂直齐平，超过不得分。		
		拖鞋摆放于地巾之上，便于使用。		
	创意布置（20分）	夜床服务用品齐全、新颖、卫生，突出个性化。		
		摆放位置安全、方便使用。		
	整理卧室、卫生间（15分）	整理客人物品，摆放合理。		
		清洁卫生间，更换"四巾"。		
		铺防滑垫，放浴帘。		
	离开房间（5分）	环视房间，检查是否有遗留物品。		
		按规范离开房间，记录离开时间。		
个性化夜床服务	综合印象（10分）	整体效果：三线对齐，床品清洁，平整美观，具有艺术美感。		
		操作过程规范，动作娴熟、敏捷，姿态优美。		

五、巩固拓展

（一）课后练习

创设情境，根据不同的客人需求类型，自主设计个性化夜床主题，并进行操作，拍照总结，完成评价。

（二）拓展练习

1.知识拓展

2001年来上海参加APEC会议时，美国前总统小布什下榻于上海波特曼丽嘉酒店，这家酒店有个很重要的准则，就是为每一个客人提供个性化的体贴入微的服务，当然包括布什总统这样一位特殊的客人，使他感到在中国很安全，酒店就像他的家一样温馨。

酒店从美国找来一批放大的照片，其中有他夫人和女儿的照片，还有他两条爱犬的照片，准备悬挂在总统客房的最显眼处，让他一进入房间就可以看到。当布什看到自己夫人的照片时，顿时非常感动地问酒店管家："你们是怎么找到这些照片的？"管家告诉他："这是一个秘密，我们只希望能给您带来一些家的感觉。"他笑眯眯地说："我已经有这个感觉了。"

布什总统有锻炼的习惯，而且特别喜欢跑步。酒店特意为他定制了一个放满各种跑步用品的包，里面有绣着他名字的运动衫、短裤、袜子、毛巾，甚至连鞋子上都有他的名字。他很喜欢这份特殊的礼物。他的管家在第二天早上告诉酒店，总统收到礼物的当天晚上，就穿着运动服在房间里跑来跑去。

丽嘉酒店的服务颇具个性化，对客人的爱好了如指掌，细微之处令人惊叹。美国第一夫人最大的爱好是阅读，她在大学里学的就是图书管理。酒店考虑到布什在上海时间紧，没有机会给夫人买东西，于是就买了一套英文版的《红楼梦》，并在外面用绸缎做了一个精美的盒子，作为礼物送给第一夫人。更有趣的是，布什总统十分疼爱他的两条狗，以前去哪里都带着它们。结果布什对这些特殊的礼物爱不释手。

布什总统的公关顾问回美国后，给丽嘉酒店总经理寄来一张卡。她告诉总经理，当她的美国朋友听到布什在上海时住的是波特曼丽嘉酒店时，很多人马上说："哦！这是一个美国酒店集团。"但她马上纠正他们："这个酒店比美国的酒店还要好。"

布什总统离开的那天，他主动提出要和员工合影留念。这是很少见的，难怪白宫工作人员后来评价酒店的工作几乎接近完美的境界。

思考讨论：你认为酒店的成功之处体现在哪些方面？

2.技能拓展

好的高星级酒店会特别注重夜床设计，从这些细节最能看出他们的诚意，对这座城市的解读和对酒店自身品牌的忠诚。请思考，如果住客是第一次来到重庆的外地客人，你如何以"重庆"为主题进行夜床设计。

项目四

客房安全管理

典型工作任务一　突发事件的处理

一、任务描述

一天下午，小赵在客房服务中心时接到了 3104 客房客人的来电。客人称中午吃完饭后，在房间内休息，现在感觉肚子不舒服，上吐下泻，还有点发烧。

如果你是小赵，你该怎么处理？

学习目标

1.熟悉客房安全问题及防治方法。

2.能够进行突发疾病的处理。

3.能够进行客人受伤的处理。

4.会处理客人的投诉。

5.培养学生爱岗敬业、认真负责的态度。

二、任务准备

为了更好地服务于客人，应对各种突发状况，作为客房服务员的小赵应知晓疾病简单的处理方法，掌握客人受伤后的处理方法，同时领会到客人求补偿、求发泄等投诉的心理，针对不同的问题来处理投诉，这样更有针对性，也利于投诉的处理。

三、任务探究

（一）客房安全工作

安全工作是客房部一项十分重要的工作，其目的是保证客人及员工的人身、财产及心理安全，同时，还应保障饭店财产安全、经营秩序正常及口碑良好。

1. **客人失窃**

（1）盗窃事故的预防

制定具体、合理的宾客须知，明确告诉客人应尽的义务和注意事项。

提醒客人不要随意将自己的房号告诉其他客人和任何陌生人。

建立健全来访客人管理制度，明确规定接待来访客人的程序、手续以及来访客人离店时间，严格控制无关人员进入楼层。

加强巡逻检查，发现可疑和异常及时处理。

客房清扫员在清扫客房时必须把门开着，并注意不能将客房钥匙随意丢在清洁车上。

客人离店后，客房服务员或领班要及时查房，若有客人遗漏物品，及时上交。

（2）盗窃事故的处理

楼层服务员接到客人失窃报案后，应立即报告本班组领班，同时保护好现场。领班立即报告客房部经理。

客房部经理接到报告后，应立即会同保安部经理及治安主管到现场了解情况并配合饭店保安部进行处理。

在保安人员到达之前，任何人不得移动现场东西，无关人员（包括客人）不得进入现场。

2. **突发性停电**

（1）突然停电时，客房部经理及主管应赶赴现场。

（2）检查应急灯是否正常，如不正常，应立即通知工程部派人紧急维修。

（3）楼层服务员检查是否有客人被关在电梯内，如有客人被困，应安抚客人并立即通知工程人员开启电梯救出客人。

（4）通知保安人员一起维护好停电区秩序，并特别注意房间的异常响动。

（5）向工程部问明停电原因及预计来电时间，向客人做好解释工作；如停电时间较长，应酌情提供照明用品，并严防火灾。

（6）做好停电记录。

3. **客房开门管理规定**

（1）住客不在房的情况下，对来访客人应礼貌地劝其离开楼层，到楼下大厅等候，不可为其开启房门和让来访人进入住客房间。

（2）楼层服务员为客人开门前，应看清房卡的房号、日期，以免发生错误。

（3）如住客有留言，应严格按照住客的留言，验明访客身份证后，方可为其开启房门。

（4）若楼层服务员在客房内做清洁时，有客人进入房间，应请客人出示房卡，并立即将此卡插入门锁测试，若可正常开启房门，表示该客人入住此房间，归还钥匙并向客人致谢。

4. 磁卡门锁钥匙管理

（1）除房间磁卡钥匙和总万能磁卡钥匙外（总万能磁卡钥匙由客房部经理保管），其他钥匙统一存放于客房部办公室，并严格执行钥匙的收发制度。

（2）实行钥匙的签领和签收制度。签领、签收时，必须写明领用时间、钥匙数量（大写）及领用人签名。下班时，必须亲手交还钥匙，严禁将钥匙带出工作岗位。

（3）员工在工作期间，必须将钥匙挂在腰上，以防遗失，一旦丢失钥匙，立即报告客房部办公室并采取必要的措施。

（4）清扫房间时，钥匙必须随身携带，严禁私自解下和乱丢乱放，对应清扫的房间要逐一开启，不得为了方便一次性打开若干房门。如有事离开岗位，必须先交回钥匙。

（5）严禁为任何陌生人开启房门。

（6）如遇以下三种情况：客房部接受酒店领导对客房的检查、销售人员带客参观客房、工程维修人员进行项目维修，服务员开门后，如属住房，服务员必须留在房间内，待完成任务后方可离开。

（7）如客人不慎将钥匙留在房间内，按操作程序为其开门。

（8）客人已退房，服务员发现钥匙留在房内，应立即通知房务中心，并把钥匙交到房务中心。

（9）任何人不得将楼层钥匙带离楼层或转借他人，损坏按有关规定处理。

5. 保密

（1）对陌生的电话或来人询问客人，应提高警惕，未经允许不得透露有关情况。

（2）不准在楼层或工作场合议论客人情况。

6. 饭店常用的安全设施

安全设施是指一切能够预防、发现违法犯罪活动，保障客人、员工安全的技术设备。

（1）监控系统

监控系统由摄像机、录像机、电视屏幕等组成。在饭店的出入口、电梯内、客房走道及其他部位安装摄像头，监控这些场所的活动，从中发现可疑人物或不正常现象，以便及时采取措施。

（2）报警装置

饭店一些重要部门必须安装安全报警装置，用以防盗、防抢劫、防爆炸，并将这些设备联成网络系统，有效地保护饭店及客人、员工的人身和财产安全。

（二）客人突发疾病的处理

（1）服务员发现客人出现突发疾病，应以最快的速度通知客房部主管或值班经理，并负责照顾客人，但切忌轻易乱动客人及擅自给客人吃药。

（2）客房部主管或值班经理接通知后，在第一时间到场，及时通知大堂副理联系急救工作。

（3）如有可能，应迅速通知客人的单位和家属或一同来的同伴。

（4）客房部主管或经理适时探访病客。

（5）做好记录备查。

（三）客人受伤的处理程序

（1）在客人受伤的情况下，服务员第一时间通知客房部经理或值班经理。

（2）客房部经理或值班经理在接到报告后立即前往现场。

（3）询问伤者情况。如需要，建议伤者前往医院接受治疗。

（4）如伤势严重，立即拨打120，安排能与客人进行语言沟通的酒店工作人员陪同伤者去医院就诊并联系其单位、家人或同伴。

（5）立即将情况报告分管领导。

（6）客房部经理或值班经理书写受伤报告，一旦发生赔偿纠纷，受伤报告是重要资料，内容包括：受伤时间、地点、受伤人员情况、证人等详细资料。

（7）及时与在医院的陪伴人员联系，随时掌握客人的伤情，保证管理层了解最新状态。

（8）提供帮助，与有关部门合作，为伤者提供一切酒店能够给予的帮助。

（9）赠送水果、鲜花，探望伤者等，体现酒店对客人的关心。

（四）客人投诉的处理方法

（1）切实提高服务质量，预防投诉的产生。

（2）设法使客人"降温"。

①认真聆听客人的投诉。

②要有足够的耐心。

③注意语言。

④慎用微笑。

（3）维护客人和饭店双方的利益。

（4）果断地解决问题。

（5）用恰当的方法处理客人的投诉。

用恰当的方法处理投诉可以化干戈为玉帛，反之则会因小失大。一般要掌握投诉者的投诉心理，然后找到恰当的处理方法。

（五）恰当处理客人投诉的要点

1. 客人急于解决问题

这类客人往往通过电话或口头方式提出投诉。处理这类投诉事例的原则是，尽快解决客人急于要解决的问题。第一，要注意与当事人的口头交流，讲究语言艺术。第二，要及时采取补救措施。对短时间内无法解决的事情给客人明确的回复，说明饭店对这件事的重视程度，使客人有心理上的满足。

2. 希望饭店能提高管理水平

这类客人大都对饭店有良好的印象，对服务及管理中出现的问题他们会提出书面建议。对这类信函应由部门经理亲自处理，视情况回信给客人（已离店）或约客人当面交流，告知其改进的措施和杜绝这类事件发生的方法。

3. 对饭店有成见的客人

对饭店反感的客人，往往采取比较激烈的方法来提出投诉。饭店员工在面对这类客人时，要用正确方法控制自己的情绪和言行，要始终坚持有理、有利、有节、有礼貌地处理问题，平息投诉者的怒气，避免在公众场合处理问题。无论客人提出的问题是否符合事实，都必须认真聆听，从容大度地对待投诉者，待其怒气平息后再共商解决问题的办法。处理得好可以将"坏事"变"好事"，挽回饭店的声誉。

4. 恶意投诉的人

个别消费者提出非分要求，无理取闹，行为、语言粗暴，虽经合理而耐心的解释，但仍投诉，即为恶意投诉。饭店员工在面对这类客人时，应及时向上级汇报，由保安人员或更高一层的管理人员出面再次进行劝阻，或者劝其离开现场，以免给其他客人造成不良影响和干扰正常服务工作。对情节严重者，应通知当地派出所，以维护饭店的正当利益。

对投诉的处理方法最终还要因人、因事而异，尽量争取使每位投诉者都满意。

四、任务实施

表 4-1　投诉处理实训评分表

典型工作任务名称	具体任务及分值	操作程序及标准	学员评分	教师评分
突发事件的处理	接受处理投诉（80分）	明确客人身份，听取客人投诉的内容，记录要点。（20分）		
		处理电话投诉时，要注意语气语调，问清楚客人的房号及姓名，表示歉意，尽快解决。（20分）		
		处理面对面投诉时，要热情，表示重视和理解，避免在公众场合处理投诉，以免客人的情绪过于波动。（20分）		
		处理书面投诉时，要认真阅读，认真调查，尽快将处理结果通知给客人。（20分）		
	记录与存档（20分）	上报和存档。根据情况将投诉通知给本部门，引起重视，避免以后发生类似的情况。		

五、巩固拓展

通过表4-2和表4-3，分别学习客人损坏饭店物品的处理程序及方法、客人死亡的处理程序及方法。

表4-2　客人损坏饭店物品的处理程序及方法

程　序	方　法
1.调查	接到客人损坏饭店物品的报告后，亲自检查被损物品，与客人核实。
2.查阅价格	查阅赔偿价格
3.索赔	直接与客人联系，有礼貌地讲明饭店制度并要求赔偿。
4.赔偿方法	对住店客人，将赔偿费用直接记入其房账； 对非住店客人，则用信用卡或现金支付。
5.记录并报告	记录事情经过，通知有关部门，并向客房部经理汇报。

表4-3　客人死亡的处理程序及方法

程　序	方　法
1.现场处理并通知有关人员	1.接到客人死亡报告后，立即前往现场。 2.通知保安部经理和饭店医生。 3.证明死亡后，保护现场。 4.通知总经理和副总经理。
2.调查死亡原因	协助保安部调查死亡原因。
3.遗物处理	1.清理出客人的遗物。 2.房间上双锁。 3.保存客人住宿登记卡和身份证。
4.联系和交接手续	1.与死者家属联系。 2.将遗物进行转交。
5.记录	记录全部过程。
6.处理外界询问	有关事情的问询统一由公关部指定人员进行回答，不允许向任何人透露其情况。

典型工作任务二　醉酒客人的处理

一、任务描述

一天晚上，客房服务员小赵正值夜班，突然遇到一位醉酒的客人返回酒店，请问：此时小赵该怎么做？

学习目标

1. 熟悉醉酒客人的种类。
2. 会不同类型醉酒客人的处理方法。
3. 培养吃苦耐劳的良好品质。

二、任务准备

客人醉酒情况如今越来越多地出现在饭店，作为客房服务员的小赵应学会醉酒客人的处理方法，具备处理醉酒客人的能力，遇事不慌张、沉着冷静，及时应对客人出现的突发情况。

三、任务探究

客人过量饮酒时处于不能自控状态，处理起来要格外谨慎。出于安全考虑和对客负责的态度，客房部要对醉酒客人进行关注并进行贴心服务。这些客人有时会大吵大闹或破坏家具，甚至打人；有时会随地乱吐，不省人事。遇到这类情况，服务员要保持理智，根据客人不同情况分别处理。

（一）醉酒客人属住店客人

（1）当酒店客人因饮酒过度而无法回房时，服务员应尽力找出客人住的房间，并与醉酒客人的同伴一起将其送回房间。如果醉酒客人的同伴已离开，则与大堂经理确认客人的房间，并协助保安人员或礼宾员将客人送至房间。（根据客人醉酒程度，采取对应的处理方法。）

（2）醉酒客人如有召唤，服务员应与值班主管一同前往，女服务员应避免独自进入客房服务，以免发生意外。

（3）客房服务员应多留意醉酒客人的房间，防止事故的发生。

（4）醉酒客人醒来后，大堂经理应及时联系客人解释情况。客人应决定是用现金支付还是把费用挂在房间账户上。

（二）醉酒客人损坏酒店设施设备

（1）服务员发现客人醉酒闹事损坏酒店设施设备，首先询问客人是否受伤，是否需要治疗，然后向大堂经理汇报，通知工程部评估客人损坏的物品，或咨询财务部损坏物品的价格。

（2）与客人协商补偿。如果客人对损坏的设施设备的赔偿价格有任何疑问，大堂经理可以向财务部汇报情况，并沟通具体的处理结果，最后大堂经理对客人做出最终答复。

（3）如果客人对酒店的最终答复仍不满意，酒店视情况与客人进一步协商处理，如根据客人是否为 VIP 或其消费情况决定是否满足客人的要求。

（三）客人醉酒闹事

（1）发现醉酒客人有闹事的迹象，服务员应劝说客人，如果客人不听劝说，事情有进一步扩大的可能，应及时通知保安部。如果客人有同伴，及时把他送回客房并通知同伴。

（2）如遇醉酒客人闹事，服务员应立即通知安全部门人员在最短时间内到达现场，将醉酒客人带走。根据干扰的严重程度，可以说服客人离开酒店并进行必要的结算（包括消耗量、损坏物品的数量和价格等）。

（3）如果醉酒的客人殴打员工，应立即阻止客人并报警，然后安抚员工观察受伤情况。一般来说，酒店会为员工购买保险，并可以报销部分医疗费用。

（四）外来醉酒客人

（1）安全部门人员发现有外来醉酒客人，要及时通知安保部门。

（2）如果客人离开办公区或客房区，监控室应及时通知安保部门人员询问客人，了解客人到达酒店的原因。如果客人是店内客人，应满足客人的需求。如果客人醉酒游荡，应立即劝其离开，并通知外围警卫注意，不要让他再次进入酒店。

（五）客人因醉酒突发疾病

（1）客人因醉酒在酒店突发疾病，服务员不得移动客人身体，应疏散围观客人，询问其同伴客人有无病史；

（2）服务员立即通知大堂经理和保安人员；

（3）及时疏导围观客人解释情况，以免对酒店造成不良影响。

四、任务实施

表 4-4　醉酒客人的处理方法

典型工作任务名称	具体任务及分值	操作程序及标准	学员评分	教师评分
醉酒客人的处理	醉酒客人的处理方法（100分）	对程度较轻的客人，可婉言劝导，安置其回房休息。（20分）		
		对于醉酒严重且不听劝导的客人，要协助保安人员将其送回客房。（20分）		
		对醉酒客人的房间要特别注意观察，防止客人在失去理智时破坏房间设备或因吸烟引发火灾。（20分）		

续表

典型工作 任务名称	具体任务 及分值	操作程序及标准	学员 评分	教师 评分
醉酒客人 的处理	醉酒客人 的处理 方法 （100分）	若服务员在楼层或走廊遇到醉酒客人，不要单独扶客人进房，以免发生误会。（20分）		
		醉酒客人如有召唤，服务员应与值班主管一同前往，女服务员应避免单独进入客房服务，以免发生意外。（10分）		
		对酩酊大醉客人，应协助安保人员做好善后工作或必要时协助就医。（10分）		

五、巩固拓展

案例分析

3月12日下午两点多，保安接到客房部通知，1号楼四楼楼道上躺了一位醉酒的客人，保安迅速到现场，整个楼道上除了打扫卫生的服务员，就只有醉酒的人躺在地毯上，并无其他人的踪迹，客人怎么叫也叫不醒，保安通过对讲机通知监控室查找客人从哪儿来，试图找到客人的朋友或者同行的人，并通知了值班经理到场。一会儿，监控室回复无法查到客人来处，那怎么办呢？为了安全着想，得想办法通知其家人到场，值班经理决定拿到客人手机，值班经理及3名保安同时在场，在客人上衣口袋里找到了手机，通过手机拨打其通讯录上朋友的电话，知道了该客人的姓名、单位及家属电话，通过总台查询，该客人并未登记房间，于是电话通知其家人尽快到酒店将其领走。一系列安排之后，客人依然酣睡着，值班经理通过房务中心安排了一间脏房，保安将客人抬到房间暂做休息，希望其家人能够尽快赶到。抬到房间后，客人睁开了眼睛，嚷嚷着很渴，服务员赶紧拿了一瓶矿泉水递给客人，客人嘴里不停地说着迷糊的话，意识依然没有清醒，于是留下2名保安陪同，等待其家属到来。

问题： 该案例给了我们什么提示？

点评： 客人醉酒不省人事酣睡在楼道上，客房服务员不可能视而不见的，这个时候是客人最需要帮助的时候，酒店工作人员理所当然应伸出援助之手，及时通知到客人家人，并将客人安置好，确保客人的人身和财产安全，相信客人醒来后，发现自己安然躺在家中，心中将是别有一番感动。

典型工作任务三　消防安全

一、任务描述

客房服务员小赵上班后，正在跟领班汇报工作，突然听到火灾警铃响起，酒店迅速安排客人撤离现场。火灾扑灭后，经统计有 3 名人员受伤，查明起火的原因是小库房线路老化。

这个案例给我们哪些启示呢？

学习目标

1. 熟悉应急工作原则。

2. 能够知晓如何预防火灾。

3. 熟悉疏导员职责。

4. 会进行火灾的处理。

5. 培养学生应急反应的能力，遇事沉着冷静的心态。

二、任务准备

小赵应掌握酒店应急工作处理方法和消防知识，学会如何预防火灾的发生，降低火灾的发生率，同时可以提高事故发生时的处理速度，能把灾害和损失降到最低。

（一）酒店消防设施设备

表 4-5　酒店常见消防设施设备清单

序　号	名　称	用　途
1	室内消防栓	通过消防栓装置用水来扑灭火灾。
2	烟感探测器	报警，提醒人们发生火灾的位置。
3	温感探测器	报警，提醒人们发生火灾的位置。
4	地面疏散标识	用于火灾时在黑暗场所，指示安全通道。
5	消防安全门	人们逃生时的紧急安全出口。
6	手动报警按钮	遇火情时，按下，发出警报。

图 4-1　手动报警按钮

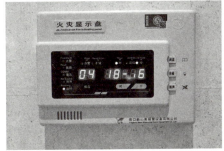

图 4-2　火灾显示盘

（二）应急工作原则

1. 以人为本，安全第一

把最大程度地预防和减少突发事故造成的人员伤亡作为首要任务，切实加强应急救援人员的安全防护。充分发挥从业人员自我防护的主观能动性，充分发挥专业救援力量的骨干作用。

2. 统一指挥，分级负责

在酒店安全部统一领导下，各部门按照各自职责和权限，负责突发事故的应急管理和应急处置工作。建立预警和污染控制快速反应机制，强化人力、物力储备，增强应急能力。

3. 快速响应，果断处置

安全事故的发生具有很强的突发性，在很短的时间内快速扩大，按照分级响应的原则快速、及时启动应急预案。

4. 预防为主，常备不懈

坚持事故应急与预防工作相结合，加强重大风险管理，做好事故预防工作。开展培训教育，组织应急演练，做到常备不懈，提高人员应急意识，做好物资和技术储备工作。

5. 控制危险，保护现场

在救援过程中，酒店应考虑妥善保护事故现场以及相关证据。任何人不得以救援为借口，故意破坏事故现场、毁灭相关证据。

（三）应急预案与当地政府预案衔接说明

一旦发生较大及较大以上安全事故，应及时准确地通过应急救援通信联络系统报告政府相关部门，并立即启动本单位应急救援预案，投入救援工作。此外，还应根据安全事故的性质和事态发展趋势，向相关的当地有关部门报告，以取得必要的外部援助。

1. 报告安全事故的内容与顺序

（1）事发单位的准确名称和事件报告人姓名。

（2）安全事故的性质、时间、地点、涉及的人员和生产活动、现状以及发展趋势等。

（3）安全事故已造成或可能造成的后果，包括人员伤亡、财产损失、环境污染以及社会政治影响等。

（4）对发生事故原因的初步判断。

（5）已采取或拟采取的应急救援措施。

（6）其他有关说明。

2. 事故报告方式

发生较大及较大以上事故，客房服务员应在最短时间内，报告酒店安全专线，由安全部人员汇报后拨打110、119、120等，同时客房服务员应立即报告上级，单位接到报告，经核实并做出准确判断，立即启动本单位应急救援预案，同时向政府及有关部门报告。

3. 应急响应救援处置

发生较大及较大以上安全事故后，应立即启动救援预案，采取一切有效手段进行自救，抢救受伤人员和物资，疏散事故危险区域人员，控制事态发展，最大限度地减少人员伤亡和财产损失，并向事发地政府和有关部门报告。如发生特大安全事故，应争取外部救援力量的支持。参加现场救援的人员必须严格按照救援方案实施救援，未经应急指挥部或现场指挥所负责人批准，不得擅自改变救援预案。

4. 应急预案的终止、结束

根据安全事故性质、人员伤亡和直接经济损失情况，以及按本单位预案对较大及较大以上安全事故类别的界定，对有下列情况之一的，即可终止或结束应急救援工作：

（1）安全紧急事件情况经证实不再存在。

（2）事故受害人员的生命安全不再受到威胁。

（3）事故受害人员不再有任何合乎情理的生存希望。

应急救援中止或结束后，实施救援的应急指挥机构应对救援情况进行评估，对险情或事故的损失情况进行统计，将评估和统计结果报上一级。

三、任务探究

（一）火灾的预防

（1）员工需在指定地点吸烟及在安全地方弃置烟灰、烟头，发现客人房间有未熄灭的烟头、火种，应立即处理。

（2）经常检查防火通道，使其畅通无阻，一切易燃液体应放入五金容器内并适当地放置于远离火种及阴凉的地方。

（3）不使用易燃液体作洗涤剂，留意及警觉电器漏电或使用不正确而造成的火灾隐患。

（4）经常检查用电线路，如发现接触不良、电线磨损或发现客人超负荷使用电器时，应立即报告上级主管处理。

（5）酒店员工都必须了解酒店的火警系统，明确知道灭火器、警钟或其他灭火用具的位置。

（6）当发生火灾或其他紧急事故时，应保持镇定，在确定地点的同时应立即打电话通知物业公司及部门经理或主管。

（7）报告火警时，应清楚说出火警发生的正确位置、火势大小、燃烧物质及报上自己的姓名，同时将灭火器材取出进行灭火。

（8）着火时注意要先切断电源，采取一切可能采取的措施扑灭火灾于初期。

（9）火势凶猛时，应打破就近的消防报警器的玻璃。火势不受控制时，应关掉一切电器用具开关，离开前把门窗关闭，撤离现场，切勿搭乘电梯。

（10）客房部系棉织品较多的部门，容易发生火灾，必须严格管理。全体员工要高度重视防火安全，认真落实防火安全措施。

（11）随时擦净烟感器内的积灰，倒尽烟灰筒的垃圾，保持各楼层消防器材的清洁和完好，保持安全通道畅通。

（12）各楼层工作人员不得在值班室吸烟，严禁客人和工作人员使用电炉，值班人员必须掌握客房的电器、电源基本常识，及时劝阻客人使用违规电器。

（13）客房员工上岗前必须通过消防培训，懂得消防知识，能正确使用灭火器材，并同客房部签订安全责任书。

（二）疏散引导员职责

（1）懂基本消防常识，懂消防设施的使用方法，懂逃生自救技能。

（2）会查改火灾隐患，会扑救初起火灾，会组织人员疏散。

（3）每天上班前，查看楼层疏散指示标志有无故障，检查消防设备是否完好齐全，检查消防疏散通道是否畅通。

（4）检查到消防设备，通道有故障或堵塞要及时报相关部门进行维修处理，在当日下班前监督完成维修整改，未完成及时报保安部。

（5）每天下班前，检查工作楼层门窗、水、电是否处于关闭状态。在确认没有安全隐患后方可下班，并做好交接工作。

（6）楼层发现初起火灾，立即组织本层就近员工进行初起火灾的扑救，并用对讲机、手报按钮或楼层电话立即报警。

（7）报警时讲清着火地点、部位、燃烧物品、目前状况。

（8）在火势未蔓延的情况下立即组织楼层客人有序从安全出口疏散，并教客人防毒器具的使用。

（9）任何疏散离开楼层人员，不得重返楼层。

（10）清理楼层每个房间及角落，确保没有人员滞留本层，检查关闭所有门窗。通过楼层电话或对讲机与上级请示确认后，立即撤离楼层。

（三）火灾分类

表4-6　火灾分类

火灾类型	可燃物类型	备　注
A类	固体物质火灾	木材、煤、棉、毛、麻、纸张等引起的火灾。
B类	液体或可熔化的固体物质火灾	煤油、柴油、原油、甲醇、乙醇、沥青、石蜡等引起的火灾。
C类	气体火灾	煤气、天然气、甲烷、乙烷、丙烷、氢气等引起的火灾。
D类	金属火灾	钾、钠、镁、铝镁合金等引起的火灾。
E类	带电火灾	物体带电燃烧的火灾。
F类	烹饪器具内的烹饪物火灾	动植物油脂引起的火灾。
K类	食用油类火灾	食用油的平均燃烧速率大于泾类油，食用油火灾很难扑灭。

（四）火灾的处理

（1）一旦发生火灾，立即使用最近的报警装置。

（2）按饭店规定的报警号码"9"，将着火地点和燃烧的物质通知话务员。

（3）迅速利用附近适合火情的消防器材来控制火势。

（4）注意保护客人人身和财产的安全。

（5）如发现客房门下有烟冒出，先用手触摸房门，如果很热，则是火势大，不能打开房门。

（6）火势如果不能控制，则立即离开火场。

（7）客房服务员听到火警信号，应立即查实火情是否发生在本区域。如本区域无特殊情况，客房服务员应照常工作，保持镇静，除指定人员外，任何工作人员在任何情况下都不得与总机房联系，以保证电话线路畅通无阻。

（8）客房服务员听到疏散信号，则迅速打开安全通道，有步骤地疏散宾客，要特别注意协助老弱病残。

（9）火灾发生后，要注意检查每个房间内是否有客人滞留，防止出现人身意外事故。

（10）客房部经理根据考勤记录在集合地点点名，保证每个工作人员都安全。

四、任务实施

表 4-7　学员使用室内消防栓实训评分表

典型工作任务名称	具体任务及分值	操作程序及标准	学员评分	教师评分
消防安全	开箱（20分）	打开消防栓，按下报警按钮。		
	连接（20分）	将消防水带与出水口相连，将水带另一端与水枪连接，枪头对准火源。		
	开阀（20分）	逆时针转动手柄。		
	灭火（20分）	对准火焰根部灭火。		
	收捡（20分）	关闭阀门，分解防水带，卸下接扣。		

五、巩固拓展

表 4-8　客房安全术语

客房术语	术语释义	参考与提示
禁烟标志	在仓库、工作间设置禁烟标志，严禁在禁烟区吸烟。	仓库使用防爆灯具，并配置灭火器。
应急响应	如遇火警等特殊应急事件，立即停止工作，执行应急预案。	
熄灭烟蒂	清倒烟缸/筒前确认，无未灭烟蒂或火柴梗。	可将烟缸/筒用水浸泡一下。
布草防燃	防止引燃棉织品。	严禁将布草放在灯罩上。
阻止劝告	发现客人私用大功率电器，须及时阻止和劝告。	此类事件应做好记录和上报。
通道畅通	及时清理安全通道中的物品，严禁堵塞消防通道、安全出口等。	工作车不得停放在安全通道内或安全出口处。
灭火器材	熟悉消防设施设备，及准确位置，能正确使用灭火器。	
遵守消规	遵守消防要求和程序。	

续表

客房术语	术语释义	参考与提示
慎用药剂	按标准使用化学药剂。	药剂不能超标。
报修及时	严格按照操作规范使用电器，如有故障及时报修，杜绝安全隐患。	维修过程中注意安全。
按规进房	不得将钥匙交与他人，如因工作需要进住客房，须按开门程序操作。	
开门流程	有客人要求开门，必须按照开门操作流程操作。	
注意生客	客房区域发现可疑人和事，礼貌询问陌生客人，及时报告前台。	
身份确认	打扫住客房如遇客人回房，必须核对确认客人身份。	
线长适中	及时收好电器设备，拖线板不宜过长，防止绊脚。	
地滑提示	清洁地面时，必须使用"小心地滑"牌，减少潜在危险。	
特殊处理	碎玻璃或客人使用过的剃须刀片、针筒或带血迹的布草等单独存放和处理。	
熟知性能	使用清洁剂和清洁工具前，必须充分了解性能，按使用说明操作。	使用喷壶时，注意喷嘴勿对人。
高处防摔	高处清洁保养，做好保护措施，避免摔倒受伤。	必要时系好安全带。
疑房查看	客房门半开或钥匙插在门上，立即查看；如无人，立即报告主管和安保，通知运营经理做反锁处理。	记录发现时间。
锁门确认	每次锁门后，应确认房门已锁好，方可离开。	
一房清扫	清扫房间，不可两间同时开启。	房内发现任何异常必须及时上报。
易燃易爆	容易燃烧和爆炸的危险品。	客房发现易燃易爆物品或危险品，立即报告上级处理。
关注醉客	发现客人酒醉进入客房，须密切关注情况，告知前台。	

项目五
客房区域清洁保养

典型工作任务一　金属制品清洁保养

一、任务描述

某天，某酒店客房服务中心接到 606 房间客人打来的电话：该房间的卫生间水龙头上有水渍。于是接到客房服务中心电话的张领班，便安排客房服务员小赵前去清洁。请问：小赵需要按照怎样的流程才能规范快速地做好金属制品的清洁和保养呢？

学习目标
1. 熟悉客房内部金属制品的设施设备。
2. 掌握金属制品的清洁和保养的标准流程。
3. 正确进行金属制品的清洁和保养操作。

二、任务准备

金属制品的基本知识

准备工作直接决定了金属制品的清洁和使用效率的高低。做好准备工作可以提高金属制品清洁的效率，减少操作时间，并保证最终成品的质量。

金属是指金属元素或以金属元素为主构成的具有金属特性的材料的统称，包括纯金属、合金以及特种金属材料等。

酒店客房的产品材料，除了布草以外，各种金属材料制品也较常见，如门把手、卫生间五金件、门窗边框等。在客房的装饰中，其具有美学价值高、易清洗等特点，因此，广泛应用。在客房房间内部，各种金属制品种类较多。常用的金属包括不锈钢、铝、铜、锡、金、银等。使用频率最多的是不锈钢。不锈钢是不锈耐酸钢的简称，其具有不锈、耐蚀性高的主要特性，所以不锈钢制品构成了客房金属制品的主体。

表5-1　金属材料制品种类

序号	名称	特点	主要产品	参考图片
1	不锈钢制品	不耐酸碱，怕潮湿	门把手及边框，卫生间五金件，各种灯具，床头柜按钮等	
2	铜制品	易氧化，产生铜锈	各种家具，室内装饰艺术品	
3	铝制品	不耐酸碱，易产生划痕	三角置物架	

三、任务探究

金属制品的清洁保养方法

上述金属在作为客房设备或装饰材料时，若不经过特殊保护和清洁保养，表面会有划痕、锈迹，失去金属应有的光泽。所以，掌握这些金属材料制品的清洁和保养方法，就显得尤为重要，这样不仅可以延长金属制品的使用寿命，还可降低清洁保养成本，减少环境污染，实现酒店节约环保的理念。金属制品的清洁保养要注意以下几点：

（1）避免使用酸性和碱性清洁剂。酸性和碱性清洁剂是金属制品最大的杀手，它能够很快就将金属制品腐蚀，如果不小心将酸性或者碱性液体洒在金属制品上，要及时用清水冲净，再用干的抹布擦干净。因此，在清洁客房金属制品时，多采用中性清洁剂。

（2）不要长期处在潮湿的环境中。我们都知道金属家具在潮湿的环境中容易发生氧化反应，这样的话就会使得金属家具的腐蚀速度加快，所以我们一定要远离潮湿，即使是卫生间也要及时进行清洁打扫，使室内温度湿度适中。

（3）消除锈迹。如果金属制品不经意间生了锈，我们可以用棉纱蘸机油擦拭生锈的地方，片刻后再用棉布擦拭便可清除锈迹，切记一定不要用砂纸进行打磨。如果生锈的地方较大或者较多，我们可以请专业的人士进行保养和维修。

（4）勿用硬物拭擦金属制品表面，勿用尖锐、硬性物品刮拭表面，以免造成五金配件表面的损害。应用湿布擦洗或湿布蘸中性洗涤精或清洁剂处理，后抹干水迹即可。

四、任务实施

不同金属制品的清洁保养要求因其各自特点不同，存在一定差异，本节内容以不锈钢为例，清洁保养操作流程如下：

表 5-2　金属材料物品清洁操作实训评分表（以不锈钢为例）

典型工作任务名称	具体任务	操作流程及标准（100分）	学员评分	教师评分
金属清洁和保养	不锈钢金属材料物品的清洁保养	检查是否有特殊严重污渍。（5分）		
		准备物品工具：不锈钢油、干净完整的干抹布、喷壶、装抹布的小框。（5分）		
		先用干布清洁对象。（10分）		
		放适量的不锈钢油于干净的抹布上。（5分）		
		用抹布均匀地擦拭金属表面。（15分）		
		喷少量金属抛光油在一块干净的干抹布上。（15分）		
		均匀地涂在清洁物的表面，停留一段时间。（10分）		
		用抹布不断摩擦。（15分）		
		检查是否光亮如新。（10分）		
		整体印象。（10分）		

五、巩固拓展

（一）课后练习

按照不锈钢制品的清洁保养标准流程，计时训练清洁保养操作 5 次以上，并拍照总结。

（二）知识拓展

客房内除以上常见金属物品外，更高档的星级酒店，其金属制品会用锡、金、银为原材料，这些金属制品在展现其实用和装饰价值的同时，也要根据其不同的特点，采用合适的清洁保养方法，使其处于常新状态。

表 5-3　其他金属制品的清洁保养方法

名　称	特　点	清洁保养方法
锡制品	易沾上油污且难清除	清洗前先用酒精擦除污渍，再将锡制品放在中温的合成洗涤液中洗涤，清洁干净后用金属抛光剂抛光
金银制品	质地较软，易氧化	置于干燥的地方，用柔软的抹布蘸不含摩擦成分的擦亮剂擦拭

典型工作任务二　玻璃制品清洁保养

一、任务描述

某天，客人入住某酒店的夜景标间，房间内有一扇落地窗，但客人发现玻璃窗有污渍，影响晚上观看夜景，于是向客房服务中心进行反馈。接到反馈的张领班，便安排客房服务员小赵前去清洁处理。请问：小赵需要按照怎样的流程做好窗户玻璃的清洁和保养呢？

> **学习目标**
> 1. 熟悉客房内部玻璃物品的设施设备。
> 2. 掌握玻璃物品的清洁和保养的标准流程。
> 3. 正确进行玻璃的清洁和保养操作。

二、任务准备

熟悉玻璃制品的基本知识

酒店客房内的玻璃制品以房间的窗户和镜子居多，随着时代的发展，越来越多的高档酒店配以各种类型的玻璃制品进行装饰，使房间的布置更具艺术性。

玻璃制品主要有以下几种分类。

（1）平板玻璃制品，包括中空玻璃、玻璃磨花、雕花、彩绘、弯制及幕墙、门窗制品；

（2）不透明玻璃制品和异型玻璃制品，包括玻璃马赛克（锦砖）、玻璃实心砖、玻璃空心砖、水晶玻璃制品、玻璃微珠制品、玻璃雕塑等。

客房内常见玻璃材料制品见表5-4。

表5-4　常见玻璃材料制品清单

序　号	主要产品	用　途	参考图片
1	窗户	采光通风	
2	浴室玻璃门	分离干湿区域	

续表

序 号	主要产品	用 途	参考图片
3	水杯器皿	洗漱、饮用	
4	镜面	洗漱梳妆	
5	玻璃工艺品	装饰美观	

三、任务探究

熟悉玻璃制品的清洁知识

玻璃制品在酒店客房内的应用日趋广泛，种类风格独具特色，而不同材质的玻璃制品在作为客房设备或装饰材料时，若不经过特殊保护和清洁保养，会失去原有的特点，所以，掌握这些玻璃材料制品的清洁和保养程序，就显得尤为重要。

（1）用玻璃涂水器蘸洗涤溶液均匀擦洗玻璃表面。

（2）用玻璃刮子将玻璃上的溶液刮尽。

（3）用抹布将玻璃表面未刮净的水迹和边框上的水迹抹净。

（4）如仍有斑迹，可在局部用清洁剂或铲刀去除。

四、任务实施

酒店客房玻璃制品以平板玻璃的门窗制品为主，所以以常规的客房窗户为例，小组合作模拟清洁客房玻璃物品。

表 5-5 玻璃材料物品清洁操作实训评分表（以窗户为例）

典型工作 任务名称	具体任务	操作标准及要求（分值）	学员 评分	教师 评分
玻璃制品 的清洁和 保养	玻璃材料 窗户的清 洁保养	检查是否有特殊严重污渍。（15分）		
		用柔软洁净的抹布按一定顺序从上到下抹去玻璃或镜面上的浮灰。（15分）		
		将玻璃清洁产品喷在抹布上，以避免使用过多的产品。（15分）		
		以顺时针方向擦拭玻璃，去除污垢。（15分）		
		从左到右，从上往下地擦拭，如遇到大面积玻璃清洁，可使用玻璃刮由上而下、从左向右刮干玻璃。（20分）		
		用干净的抹布抹干。（10分）		
		整体印象。（10分）		

五、巩固拓展

（一）课后练习

按照标准玻璃材料制品的清洁流程，计时训练门窗清洁 5 次以上，并拍照总结。

（二）知识拓展

酒店的玻璃制品除了平板玻璃门窗之外，其余最多的就是作为酒店客房内装饰所用的具有花纹的毛玻璃制品。如果有花纹的毛玻璃一旦脏了，用蘸有清洁剂的牙刷顺着图样打圈擦拭即可去除。此外，也可以在玻璃上滴点煤油或用粉笔灰和石膏粉蘸水涂在玻璃上晾干，再用干净布或棉花擦，这样玻璃既干净又明亮。

典型工作任务三　布艺制品清洁保养

一、任务描述

如今，酒店内的布艺装饰用品越来越多，某天，酒店客人在前台退房时说明，该房间的布艺窗帘上不小心被孩子撒上了牛奶，那么作为客房服务员的小赵在常规清洁打扫房间之后，应该按照怎样的流程，对有污渍的布艺窗帘进行清洗和保养呢？

学习目标

1. 熟悉客房区域的布艺制品。

2. 掌握布艺制品的清洁和保养流程和标准。

3. 正确进行布艺制品的清洁保养。

二、任务准备

熟悉布艺制品的基本知识

在酒店客房区域，最常见的布艺制品就是布艺沙发、布艺窗帘和布艺工艺品。布艺制品因装饰性强、舒适度高，在酒店客房的应用越来越广。因此，作为酒店服务员，应掌握酒店客房区域内布艺制品的清洁保养。

三、任务探究

布艺制品的保养知识

布艺制品的保养十分简单，新品购入，在初次使用前，先下水漂洗一次，可将表面的浆质及印染浮色洗掉，这样使用起来会比较柔软，将来清洗时也不大容易褪色。

每次换上清洁布套时，先喷上防污剂，平时用吸尘器清理即可；若有脏污，立即清洁是最高原则，即以纸巾将污物去除，余渍再用泡沫式清洁剂清除。整套清洗时，需依照布质选用合适的清洗方法，需干洗者切勿水洗，以防褪色或缩水。

布艺制品因材质不同，保养方法各不相同。

（1）棉织物不能使用含漂白剂成分的洗涤剂，一般浸泡时间不超过半小时，水温不超过30℃。

（2）真丝、丝绵、大豆纤维不能使用含生物酶的洗涤剂，建议用丝毛洗涤剂，洗时加点醋可增加光泽。

（3）羊毛、羊绒要注意避免长时间浸泡，不能使用含生物酶的洗涤剂，其他洗涤剂也要谨慎使用。

（4）蚕丝、竹纤维、化纤都不能用高温水浸泡，蚕丝、竹纤维机洗时不能甩干，绒类面料表面忌熨烫。亚麻产品洗涤时不能用力搓、拧。

表 5-6　布艺材料制品的清洁保养要点

序　号	名　称	注意事项
1	窗帘	绝不能使用漂白剂； 特殊材质的窗帘只能干洗； 自然风干，不脱水。
2	沙发	若是可移动的垫子，最好每周翻转一次，使磨损均匀分布； 干洗，不可水洗，禁止漂白。
3	布艺装饰品	只采用干洗； 切勿大量用水擦洗，避免受潮、变形、发霉。

图 5-1　布艺窗帘

图 5-2　布艺沙发

四、任务实施

以常规的酒店布艺窗帘为例，小组合作完成布艺制品清洁保养。

表 5-7　布艺制品清洁操作实训评分表（以窗帘为例）

典型工作任务名称	具体任务	操作标准及要求（100分）	学员评分	教师评分
布艺制品的清洁和保养	各类布艺窗帘的清洁和保养	天鹅绒制品窗帘：先把窗帘浸泡在中碱性清洁液中，用手轻压。洗净后放在斜式架子上，使水分自动滴干。（20分）		
		软百叶窗帘：清洗时先把窗关好，在其上喷洒适量清水或擦光剂，然后用抹布擦干，即可使窗帘保持较长时间的清洁光亮。窗帘的拉绳处，可用一把柔软的鬃毛刷轻轻擦拭。如果窗帘较脏，则可以用抹布蘸些温水溶开的洗涤剂清洗，也可用少许氨溶液擦拭。（20分）		
布艺制品的清洁和保养	各类布艺窗帘的清洁和保养	帆布或麻制成的窗帘：用海绵蘸些温水或肥皂溶液、氨溶液混合液体进行揩抹，待晾干后卷起来。（30分）		
		奥地利式花边窗帘：清洗时要用吸尘器先吸出灰尘，然后用一把柔软的羽毛刷轻轻扫过，注意保持装饰花边的造型。（30分）		

五、巩固拓展

（一）课后练习

按照标准流程计时训练亚麻材质窗帘清洁 5 次以上，并拍照总结。

（二）知识拓展

布艺收纳的五个细节

对布艺制品收纳来说，要保持环境清洁干净，防止霉变，浅色和深色要分开存放，防止染色、泛黄。但容易忽视一些细节，往往给需精细呵护的床品带来不良后果。

（1）棉、麻产品收藏时折叠整齐，并放入一定量的樟脑丸，在暗处、湿度低、通风良好的地方存放。

（2）羊毛被需晾晒，待被子放凉后再折叠，存放时放入防虫剂，置于干燥处，不可重压，可干洗。

（3）蚕丝被使用时如受潮不可晒，应晾置在阴凉处风干，风干后折叠。储存时放入防虫剂，置于干燥处。

（4）羽绒被晾晒后需待被子放凉再折叠，储存时放入防虫剂，置于干燥处，可水洗。

（5）白色真丝产品不能放樟脑丸或放在樟木箱中，否则会发黄。

典型工作任务四　木制品清洁保养

一、任务描述

某天，M酒店客房服务员小赵接到任务，801房间退房，需要进行立即清扫。801房间属于酒店特殊客房，房内木制家具较多，请问：小赵需要怎样进行木制家具的清洁保养呢？

> **学习目标**
> 1. 熟悉客房内部木制品的设施设备。
> 2. 掌握木制品的清洁和保养流程。
> 3. 正确进行木制品的清洁和保养操作。

二、任务准备

酒店木制品种类

酒店木制品有木质家具、木质装饰品和木质地板等，其中以木质家具、木质地板居多。木质家具分为纯实木家具和仿实木家具，其特点不同，保养方法不同。

1. 纯实木家具

纯实木家具的所有用材都是实木，包括桌面、衣柜的门板、侧板等均采用实木制成，不使用其他任何形式的人造板。纯实木家具对工艺及材质要求很高，实木的选材、烘干、指接、拼缝等要求都很严格，如果哪一道工序把关不严，小则出现开裂、结合处松动等现象，大则整套家具变形，以至无法使用。

由于南、北方的环境差异和实木家具的特性，有的家具在到货后经过一段时间的摆放，会出现裂缝，这属正常现象，只需用原实木条进行补缝，经过补缝后就能正常使用了。

2. 仿实木家具

所谓仿实木家具，从外观上看是实木家具，木材的自然纹理、手感及色泽都和实木家具一模一样，但实际上是实木和人造板混用的家具，即侧板、顶、底、搁板等部件用薄木贴面的刨花板或中密度板纤维板，门和抽屉则采用实木。这种工艺节约了木材，也降低了成本。

表 5-8 酒店客房常见的木制品

序 号	名 称	主要产品	参考图片
1	木制家具	客房内的衣柜、床头柜、办公桌、梳妆台、沙发、床等。	
2	木制装饰品	木质茶台、摆件等。	
3	木制地板	复合木地板、实木地板。	

三、任务探究

木制品保养注意事项

木制品因其自身特殊性，需要经常除尘，应使用干净的软棉布擦拭，不能用较硬或尖锐的材料或强腐蚀性的清洁剂擦拭。

除尘时用浸湿的棉布，能减少摩擦，避免划伤家具，同时有助于减少静电对灰尘的吸附，有利于清除家具表面的灰尘。应当避免水汽残留在家具表面，之后用干棉布再擦拭一遍。木制品保养时应注意以下几点：

（1）注意温度，请勿将其放置在热源或空调通风口中。

（2）定期打蜡并保养家具。

（3）确保实木家具没有暴露在阳光下，以免出现变色开裂的情况。

（4）在冬天，尽量缩短开窗时间，并保持足够的室温和湿度。

四、任务实施

酒店客房内木制材料的物品较多，因其特性，保养方法不同，以木制家具为例，小组合作完成木制品清洁。

表 5-9　木制家具清洁保养操作实训评分表

典型工作 任务名称	具体任务	操作标准及要求（分值）	学员 评分	教师 评分
木制品的 清洁和 保养	木制家具 的清洁 保养	去除木制家具表面的污渍，尤其严重污渍。（20分）		
		蘸取温和清洁剂擦拭。（20分）		
		用软布进行清洁。（20分）		
		避免扎或敲打。（10分）		
		擦掉所有的木屑。（10分）		
		表面抛光。（10分）		
		整体印象。（10分）		

五、巩固拓展

（一）课后练习

按照木制家具的清洁保养流程，计时训练木制物品清洁 5 次以上，并拍照总结。

（二）知识拓展

木制地板的清洁保养

木制地板的清洁与保养可以参考以下几个方法：

1. 使用吸尘器清扫

日常清扫木地板时最好使用吸尘器来清除表面的灰尘，尽量减少摩擦。另外如果需要拖地，最好是用抹布湿水后拧干到不滴水的状态，再轻轻擦拭木地板，而且在拖完地板后，最好开下门窗，让地板表面的水分快速蒸发，保持地板的干燥性，地板干燥后把门窗关上。

2. 使用色拉油去垢

如果木地板上的污垢比较多，简单用抹布擦去除不了的话，可以往水中滴一些色拉油，再把毛巾放进去浸泡，而后拧干再擦地板，这样就可以清洗干净了，因为色拉油能对污垢起到很好的清洁效果，还能一定程度上保护木地板。

3. 避免刮花木地板

在日常使用过程中，我们最好不要穿着硬底的鞋子走在木地板上，这很容易刮花木地板，因此酒店走廊多采用其他材质地面。此外还应当给放置在木地板上的家具"脚"上套上保护套，这样就可以"互不打扰"，不会互相伤害了。

4. 定期打蜡保养

木地板为了保持其光泽度和质感，需要定期打蜡，使用油性地面抛光剂进行打蜡，切勿使用其他类型的蜡，以免损伤地板。一般是隔半年左右打一次，不可过多。此外最重要的是让木地板所处的环境温度和湿度符合它的"生存"条件，不能过于潮湿，也不能过量开窗，这会使得环境过于干燥，让木地板开裂变形。

典型工作任务五　石材清洁保养

一、任务描述

某天，某酒店客房服务中心接到某房间客人打来的电话：该房间的地面不小心被孩子洒了果汁，因地面是大理石材质的，很光滑，所以必须立即清理。于是接到客房服务中心电话的张领班，便安排客房服务员小赵前去清洁打扫。请问：小赵需要怎么做才能规范快速地打扫好脏污的大理石地面呢？

学习目标

1. 熟悉客房内部石材制品的设施设备。

2. 掌握石材制品的清洁和保养流程。

3. 正确进行石材制品的清洁和保养操作。

二、任务准备

熟悉石材制品的基本知识

酒店常见的石材有大理石、花岗岩、石灰石等天然石材，也有人造石材。常见的石材制品见表5-10。

表5-10　常见石材种类

序　号	名　称	特　性	分　类	应　用
1	花岗石	结构致密，抗压强度高，吸水率低，表面硬度大，化学稳定性好，耐久性强,但耐火性差。	按所含矿物种类分为黑色花岗石、白云母花岗石、角闪花岗石、二云母花岗石等。按结构构造分可分为细粒花岗石、中粒花岗石、粗粒花岗石、斑状花岗石、似斑状花岗石、晶洞花岗石及片麻状花岗石等。按所含副矿物分可分为含锡石花岗石、含铌铁矿花岗石、含铍花岗石、锂云母花岗石、电气石花岗石等。常见长石化、云英岩化、电气石化等自变质作用。	晶粒细小的可加以磨光或雕琢，作为装饰板材或艺术品；中等粒度的常用于修筑桥墩、桥拱、堤坝、海港、勒脚、基础、路面等；晶粒粗大的轧制成碎石，是混凝土的优良集料。由于花岗石耐酸，还用做化工、冶金生产中的耐酸衬料和容器。

续表

序 号	名 称	特 性	分 类	应 用
2	大理石	不变形，硬度高，使用寿命长，不磁化。	有的以产地和颜色命名，如丹东绿、铁岭红等；有的以花纹和颜色命名，如雪花白、艾叶青；有的以花纹形象命名，如秋景、海浪；有的是传统名称，如汉白玉、晶墨玉等。	主要用于加工成各种形材、板材，作建筑物的墙面、地面、台、柱，还常用于纪念性建筑物如碑、塔、雕像等的材料。大理石还可以雕刻成工艺美术品、文具、灯具、器皿等实用艺术品。质感柔和，美观庄重，格调高雅，是装饰豪华建筑的理想材料，也是艺术雕刻的传统材料。
3	其他石材（瓷砖）	吸水率低，常年使用，不易变色，清洁简单，同时防霉防潮，不惧潮雨天气；高耐磨；尺寸个性定制，根据装修实际尺寸来进行订做；耐酸耐碱，不留污渍，易于清洗；款式众多，图案逼真，色彩鲜艳，高档大方；寿命长久。	通体砖表面不上釉，正反面材质、颜色相同。 釉面砖是表面上釉的砖，釉面砖的色彩和花纹比抛光砖更丰富，同时起到防污的作用。 抛光砖是通体打磨抛光而成的砖。与通体砖的粗糙度相比，抛光砖要光滑得多。这种砖非常坚硬，非常耐磨。在使用渗色技术的基础上，可以产生各种仿石仿木效果。 玻化砖是用石英砂和泥土按一定比例制成，表面光滑透亮，犹如一面玻璃镜，是所有瓷砖中最坚硬的种类。 马赛克砖是一种具有特殊存在方式的砖。由几十块小砖块组成一个比较大的砖块。耐酸、耐碱、耐磨、不透水、耐压强、不易破碎。	瓷砖的用途是保护墙体结构，防止外来力量对房子进行直接伤害。铺贴瓷砖可以有效地保护房间内或者避免外墙风吹日晒雨淋等造成的腐蚀氧化。

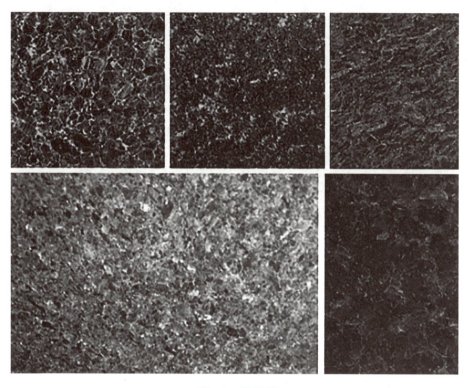

图 5-3 花岗岩

图 5-4 大理石   图 5-5 通体砖

图 5-6 釉面砖   图 5-7 抛光砖

图 5-8　玻化砖　　　　　　　　　　　图 5-9　马赛克砖

三、任务探究

（一）石材制品的清洁

石材较易染污，清洁时用微湿带有温和洗涤剂的布擦拭，然后用清洁的软布抹干和擦亮，使它恢复光泽。或用液态擦洗剂仔细擦拭，可用柠檬汁或醋清洁污痕，柠檬汁停留在上面的时间最好不超过 2 分钟，必要时可重复操作。对于轻微擦伤，可用专门的石材抛光粉和护理剂。对于古旧或贵重的石材家具应请专业人员处理。

（1）石材不能用硬物撞击、敲打，平时应注意防止铁器等重物磕砸石面，以免出现凹坑，影响美观。花岗石较易于打扫和保养，平时只要用一些清洁剂作简单的表面清洗，便能保其历久常新。

（2）对于轻微擦伤的大理石家具，可用专门的大理石清洁剂和护理剂；磨损严重的大理石家具难以处理，可用钢丝绒擦拭，然后用电动磨光机磨光，使它恢复原有的光泽。对于古旧或贵重的大理石家具应请专业人员处理。

（3）大理石家具若粘染油漆，必须用漆层剥离剂处理。清除了全部油漆后，就用钢丝绒擦拭和用电动磨光机磨光。

（二）石材制品的保养

每周 1~2 次使用石材护理机配纳米羊毛垫（百洁垫）（如有 300~400 转高速机更好）进行清洁。在干净或已经洗净的地面喷上少量晶面保养剂或晶硬粉。晶硬粉须加水，水量根据湿度而定，天气干燥时水量应多些，每平方米 1~2 克。用石材护理机涂匀，然后磨至光亮即可。最后用尘推把地面的粉尘推干净。应分段喷磨，每段 1~2 平方米。百洁垫应保持干净，当沾有太多粉末时会影响效果；如发现百洁垫沾有污物就要反过来使用另一面，直至双面都沾污后更换新的一件。根据工作面积，准备足够的百洁垫，沾污的百洁垫要洗干净及晒干后才可以使用。

在平滑的深色地面，可把百洁垫改为钢丝绵垫，效果更佳，但应注意，地面不平滑，或者钢丝绵垫沾污都会使地面发黑。

四、任务实施

以常规的大理石地面为例，小组合作完成石材制品清洁保养。

表 5-11　大理石地面清洁操作实训评分表

典型工作 任务名称	具体任务	操作标准要求及分值		学员 评分	教师 评分
石材的清洁和保养	大理石材地面的清洁保养	准备器具 （10分）	竖立告示牌或拉好安全围栏。		
			各类清洁剂准备正确齐全。		
			各类清洁器具准备齐全。		
			检查各类器具。		
		准备工作 （5分）	干推地面，除去尘土； 检查洗地机水箱，加入按比例兑好的清洗剂，装好吸水刮。		
		洗地 （10分）	开启电源开关，放下洗地刷和吸水刷，扳动水制开关。		
			启动吸水机开关，手推操纵杆，慢速前进，确保质量。		
			洗地时行与行之间要适量重叠，以免漏洗，洗地和吸水要同步进行。		
		晾干 （5分）	洗地完毕后，等待地面干透，可使用地毯风干机。		
		抛光 （60分）	抛光前，检查机器是否完好。		
			将抛光机的操纵杆调节到合适的高度。		
			将机体地盘针座与抛光垫结合，使之与地面保持平衡。		
			启动电源开关，机身开关。当转速达到规定时，即可进行抛光。		
			掌握抛光速度，机器行进速度应保持5米/分钟。上下行距应适度重叠，免漏抛光。		
			往复抛光3~5次，直至光亮为止。		
		注意事项 （10分）	尽量移开家具，抛光时，绕开凸起物。		

五、巩固拓展

（一）课后练习

按照石材制品的清洁流程，计时训练大理石地面清洁 5 次以上，并拍照总结。

（二）知识拓展

大理石本身是比较昂贵的石材，但是因自身容易受损的缺点，在平时清洁打蜡抛光后容易出现一些问题，下表呈现的是平时打蜡抛光后的问题及原因。

表 5-12　打蜡抛光分析表

问　题	产生原因
全部涂层很差	1.对碱性清洁剂清除不彻底、有残留； 2.上光剂用量过少； 3.前一层未干就涂后一层； 4.上光剂质量太差。
地面过滑	1.上光剂用量太多； 2.上光剂是从另一处移过来的； 3.在打蜡抛光前，地面没有被清扫干净。
涂层呈粉状	1.地面受到污染； 2.封蜡时湿度过高或者过低； 3.地面下有热源； 4.定期保养时错用保养器具。

典型工作任务六　地毯清洁保养

一、任务描述

地毯具有美观、安全、舒适、清洁、吸音、保温等特点，在酒店广泛使用，客房及走廊等公共区域较为常见。根据纺织纤维材料的不同，酒店常用的地毯主要有两类，即化纤地毯、羊毛地毯。地毯的更新周期一般为 5~7 年，但这并不意味着可以忽视对地毯的保养。若保养不善，不到一两年便面目全非；若保养得好，多年后仍美观柔软如新。那么客房服务员应如何做好地毯的清洁保养呢？具体要求又是什么呢？

学习目标

1. 了解酒店地毯的分类。
2. 熟悉不同材质地毯的清洁保养知识。
3. 熟悉特殊污渍的处理方法。
4. 掌握羊毛地毯清洁保养的程序与方法。
5. 掌握化纤地毯清洁保养的程序与方法。

二、任务准备

（一）地毯分类

1. 羊毛地毯

从 20 世纪 90 年代到 21 世纪初，羊毛地毯一度成为所有地毯的代名词，由此可见羊毛在地毯材质中占据的分量有多重。羊毛具有天然的弹性，受压后能很快恢复原状，而且纯羊毛地毯图案精美，色泽典雅，不易老化、褪色，具有吸音、保暖、脚感舒适等特点，可以说羊毛是天生的地毯材质。目前市场上除了手工地毯以外，都是机织地毯，根据绒纱内羊毛含量的不同又可分为纯羊毛地毯、羊毛地毯、羊毛混纺地毯和混纺地毯。其中混纺地毯是目前市场占有率最高的地毯种类。

2. 化纤地毯

所谓化纤，其实就是一种合成纤维，有尼龙纤维（锦纶）、聚丙烯纤维（丙纶）、聚丙烯腈纤维（腈纶）、聚酯纤维（涤纶）、定型丝、PTT 等各种纤维。其具有很强的耐磨性，不易腐蚀和霉变，不过在阻燃性和抗静电性能方面相较于羊毛地毯来说差距较大。

图 5-10 羊毛地毯

图 5-11 化纤地毯

（二）清洁剂与工具

常见的地毯清洁洗涤剂有地毯除渍剂、除口香糖喷剂、低泡地毯清洁剂、高泡地毯清洁剂、地毯除油剂。

常见的地毯清洁工具、设备有：洗地毯机、小刀、纸巾海绵、喷壶、风机、吸水机、打泡箱、吸尘器、地毯刷。

三、任务探究

（一）地毯清洁操作基本程序

表 5-13 地毯清洗操作基本程序

序 号	适用种类	方 法	基本程序	提 示
1	羊毛地毯	干泡清洗地毯	吸尘器全面吸尘。	电源线不裸露，扒头、吸管畅通，储尘袋清空，配件齐全，密封完好。
			专用清洁剂对地毯上的油污、果渍、咖啡渍等进行单独局部处理。	根据污染程度可进行局部清洗和全面清洗。注意刷的时候，从四周向污渍中心刷，避免污迹扩散。
			稀释高泡地毯泡沫清洁剂，注入打泡箱。	
			手刷处理地毯边缘和机器推不到的位置。	
			装有打泡器、地毯刷的单盘扫地机，以干泡反复刷洗地毯 3~4 次。	
			顺地毯毛梳理地毯并保持干燥。	

续表

序　号	适用种类	方　法	基本程序	提　示
2	化纤地毯	水抽清洗地毯	吸尘器全面吸尘。	
			稀释低泡清洁剂，在地摊上全面喷洒清洁剂溶剂。	
			等待10~15分钟。	
			洗地毯机抽洗地毯，边拉机器边后退，最少经过两次抽洗。	
			吸水机吸净吸干地毯。	

（二）注意事项

（1）清洁工具设备齐全适用；

（2）清洁剂配制合理；

（3）进行清洁前要移开家具和其他障碍物；

（4）配制水温不宜过高；

（5）清洁边角部位要手工处理；

（6）局部的严重特殊污渍，先手工清洁再按照程序清洁；

（7）避免遗漏，反复多次清洗；

（8）必须保持地毯清洗之后变干燥再使用；

（9）安全操作电器设备。

（三）地毯特殊污渍的清洁处理方法

1. 咖啡渍、茶渍

用干布彻底吸干脏处，用苏打水或氨水浸湿清洁抹布，轻轻擦拭，用干布吸去液体，等待地毯变为干燥，用吸尘器吸尘。

2. 烟灰、铁锈、血液、啤酒、酒精、果酒、果汁、盐水、芥末

混合液：30 mL 地毯清洁剂 + 一勺白醋 +120 mL 清水。

倒进压力水壶，喷洒在污渍处，轻轻抹擦污渍处，干布吸干。

3. 巧克力、鸡蛋、冰淇淋、牛奶、汽水

混合液：30 mL 地毯清洁剂 + 一勺白醋 +120 mL 清水。

倒进压力水壶，喷洒在污渍处，轻轻抹擦污渍处，干布吸干。

7% 的硼砂溶液 + 混合液浸湿脏处，轻轻擦拭，干布吸去液体，等待干燥以后，用

吸尘器吸尘。

4. 水果、药膏、油漆、香水、鞋油、蜡

混合液：30 mL 地毯清洁剂 + 一勺白醋 +120 mL 清水。

用混合液浸湿清洁的抹布，轻轻抹去污渍，用干布吸去液体，等待地毯变为干燥，用吸尘器吸尘。

（四）地毯的保养

1. 采取必要的防污措施

喷洒防污剂。在地毯使用前，应该喷洒专用的防污剂。正确的防污剂能够在地毯的外表面上形成一层保护层，起到隔绝污渍的作用。即使在使用期间，有污渍出现，也很难浸透下去，并且很容易被清除。

阻隔污染源。饭店可以在一些明显的出入口铺上垫子，用以减少或清除客人鞋子上的尘土污渍，避免客人将这些污渍带进客房，从而减轻对包括在地毯在内的地面的污染。

加强服务。通过更加周到的饭店服务也可以达到防止污染物遗留在地毯上。

对于地毯的正确保养，可以采取恰当的预防措施，可以减少或者避免对地毯的污染，这是地毯保养最经济有效的办法。

2. 经常吸尘

吸尘是清洁保养地毯最基本也是最方便的方法。应经常吸尘，随时保持地毯的干净整洁，延长地毯的使用寿命。

四、任务实施

酒店客房地毯的清洁方式多以水抽为主，因此以水抽清洗地毯为例，小组合作完成地毯清洁保养。

表 5-14　水抽清洗地毯实训评分表

典型工作任务名称	具体任务	操作标准要求及分值	学员评分	教师评分
地毯的清洁和保养	水抽清洗地毯	检查是否有特殊严重污渍。（5分）		
		用吸尘器将所要清洁区域彻底吸尘,去除上面污渍。（10分）		
		用温水将 1：20 稀释的低泡清洁剂倒入压力喷壶中，均匀喷洒在地毯表面，使其发挥作用。（10分）		
		等待 10~15 分钟，使其混合液发挥作用。（5分）		

续表

典型工作任务名称	具体任务	操作标准要求及分值	学员评分	教师评分
地毯的清洁和保养	水抽清洗地毯	将抽洗机净水箱中装满清水，推到清洗区域的最里端，启动机器，双手抓住机器手柄边后退边清洗。洗完一行后，再洗第二行，每一次都要与前一次有重叠部分，避免遗漏，重复2~3次。（30分）		
		地毯吸水机进行吸水。（10分）		
		地毯吹干机进行彻底干燥。（20分）		
		清洗收尾以及设备回库工作。（10分）		

五、巩固拓展

（一）课后练习

按照水抽清洗地毯的流程训练水抽清洗地毯1次，并拍照总结。

（二）知识拓展

1. 干泡清洗地毯方法

表5-15　干泡清洗地毯

项　目	程　序
干泡清洗地毯	吸尘器全面吸尘。
	专用清洁剂对地毯上的油污、果渍、咖啡渍等进行单独局部处理。
	稀释高泡地毯泡沫清洁剂，注入打泡箱，装有打泡器、地毯刷的单盘扫地机，以干泡反复刷洗地毯3~4次。
	手刷处理地毯边缘和机器推不到的位置。
	梳理顺地毯毛并保持干燥。

2. 地毯破漏的修补

（1）用小刀刮净焦痕；

（2）找一块不用的地毯毛剪下；

（3）用万能胶把毛粘接在焦处，用重物压几个小时；

（4）采用粘补术补贴；

（5）注意地毯花纹拼接和地毯表层毛的倾倒方向。

参考文献
CANKAO
WENXIAN

［1］陈莹 . 客房服务与管理［M］.2 版 . 北京：高等教育出版社，2022.

［2］徐文苑 . 酒店客房服务与管理［M］.2 版 . 武汉：华中科技大学出版社，2022.

［3］詹娜 . 客房服务与管理［M］. 北京：中国人民大学出版社，2020.